"Lámpara es a mis pies tu Palabra, y lumbrera para mi camino"

Salmo 119:105

"Pero tú habla lo que está de acuerdo con la sana doctrina."

Tito 2:1

Dedicado a nuestro Señor Jesucristo, Maravilloso Salvador, Autor y Consumador de nuestra fe.

Algunos Consejos y Notas Doctrinales

Jaime Simán

Primera Edición. Agosto del 2017. Publicado por: The Word For Latin America. P.O. Box 1002, Orange, CA 92856 (714) 285-1190. www.elvela.com

Prólogo

La gran comisión dada por nuestro Señor Jesucristo es clara en su objetivo de hacer discípulos, bautizándolos en el nombre del Padre, y del Hijo, y del Espíritu Santo; enseñándoles a que guarden todo lo que Él nos mandó.

> *"Por tanto, id, y haced discípulos a todas las naciones,*
>
> *bautizándolos en el nombre del Padre, y del Hijo, y del Espíritu Santo;*
>
> *enseñándoles que guarden todas las cosas que os he mandado; y he aquí yo estoy con vosotros todos los días, hasta el fin del mundo. Amén"* Mat 28:19-20

La sana enseñanza es clave para el crecimiento y edificación de todo seguidor de nuestro Señor Jesucristo.

Es nuestra motivación y propósito, que estas notas doctrinales sean de apoyo para el discipulado de nuevos creyentes.

Si bien entendemos que este material no es exhaustivo, y de hecho no pretendemos cubrir todos los aspectos posibles de utilidad en un proceso continuo del discipulado de un creyente, confiamos que con la ayuda del Espíritu Santo, las doctrinas básicas y fundamentales que se cubren en esta obra serán de utilidad en la formación espiritual y discipulado de los creyentes.

Índice

Algunos Lineamientos

1. Las reuniones de discipulado son más que conferencias o charlas informativas. El propósito es forjar carácter cristiano que glorifique a Cristo.
2. Usamos la Biblia como base de toda enseñanza, y dependemos del Espíritu Santo para guía y dirección.
3. Buscamos promover, convivir y fortalecer lazos de hermandad.
4. Las reuniones son de carácter informal y placentero, pero debe haber un compromiso sincero con Dios de aprender, y un ambiente donde Dios es honrado con la actitud y las palabras de los participantes.
5. Nadie busque dominar la reunión o buscar ser centro de atención o de distracción.
6. A veces es oportuno levantar la mano para preguntar, y así evitar desorden. Esto también permite que el líder escoja a la persona que participe en las respuestas para dar oportunidad a que todos participen.
7. Se tratará una variedad de tópicos que impactan la vida diaria personal, el hogar, el trabajo, el servicio, y el ministerio dentro y fuera de la iglesia, así como de la sana doctrina.
8. Esta es una oportunidad para acercarse a los líderes o pastores de la casa culto, misión o congregación.
9. Si tiene preguntas personales sea prudente, y considere si es mejor tratarlas en privado.
10. Si está dentro de sus posibilidades reales, llegue a tiempo a las reuniones. Eso es muestra que valora la reunión y las personas que asisten, y que el tiempo de

las personas del grupo de discipulado no es menos importante que el suyo.

11. En general, en los ministerios y compromisos de la iglesia, llegue a tiempo dentro de sus posibilidades.
12. Si no puede llegar a una reunión de discipulado, si le es posible avise a su líder que no podrá participar.
13. No olvide que su compromiso es diario con el Señor, por lo que mantenga una vida diaria de comunicación con Dios.
14. Lea, medite y memorice la Palabra de Dios diariamente.
15. Somos parte de una familia, la familia del Señor. Dios nos llama a amar a los hermanos: Jn 13:34-35, 1 Jn 3:16. Llama por teléfono o visita a alguien de la iglesia, dentro de tus posibilidades, saludándole - aunque sea brevemente - durante la semana. Esta es una manera de interesarnos, y orar por otros.
16. Dios nos llama a ser testigos y a hacer discípulos: Hech 1:8, Mat 28:29-30.
17. Ora por los vecinos y buscar testificar a otros de tu fe.
18. Nuestra relación es con Dios: Cuando tenemos una pregunta, carga o necesidad de oración o consejo, es bueno compartir con tu pastor o un hermano (a) maduro (a), pero recuerda que nadie pude tomar el puesto de Dios. Busca a Dios en todo tiempo.
19. Es necesario aprender a derramar tu corazón a Dios; Él está en todas partes, te escucha, te conoce, conoce tu situación o necesidad mejor que nadie; te ama más que nadie, y tiene poder infinito para darte victoria en toda circunstancia.

20. Es importante sujetarte a los líderes de tu casa, iglesia, trabajo y comunidad. Sé presto para recibir y seguir su guía.
21. Asiste fielmente a los cultos de la iglesia. Dios te ha llamado no a un caminar solitario; sino a ser parte de la familia de Dios. El Señor quiere usarte en la congregación, y también quiere bendecirte a través de ella. Recuerda que la iglesia viva de Dios es un cuerpo, el Cuerpo de Cristo. Cada uno de nosotros, como miembros del cuerpo, nos necesitamos unos a otros.
22. Cuando estés sirviendo en un ministerio de la congregación, recuerda involucrar al líder de tu ministerio y tenerlo informado para oración y consejo en lo que es pertinente a tu ministerio. Se responsable.
23. Recuerda que la Biblia es la norma para guiar toda decisión y ministerio en el que sirvas.
24. Buscamos madurar y perfeccionarnos en la fe, para ello contamos con la Palabra de Dios: 2 Tim 3:16.
25. La Palabra de Dios es útil para enseñar, reprender, corregir, instruir, y exhortar.
26. Enseñar es impartir conocimiento o habilidades de algo por medio de instrucción y/o ejemplo. Incluye trasmitir información, pero además busca que la persona la asimile e incorpore de manera que transforme su manera de pensar y actuar; o le ayude a imitar algo.
27. Reprender es reprochar, reprobar, objetar, desaprobar, amonestar contra una manera de pensar, actitud, acción u omisión que no es correcta. Generalmente la reprensión es en forma seria pero debe ser dada con amor no impaciencia injusta. La represión es propicia cuando la persona actúa en contra de lo enseñado, establecido o esperado de alguien.

28. Corregir es indicar, mostrar lo que está mal, para que la persona pueda eliminar el error de su actitud, pensamiento, acción u omisión. Puede ser en forma seria, o puede ser en forma jocosa pero confirmando que la corrección es necesaria; puede ser con urgencia, pero sobretodo debe ser motivada y ejercida con amor, no ira.
29. Instruir es dar instrucción para poder hacer o decir algo.
30. Exhortar es animar, urgir, incitar con palabras o ruegos, o razones, generalmente con cierta intensidad, no enojo, para que la persona abrace algún pensamiento, consejo, actitud o conducta deseada.
31. Cortesía en la comunicación: Muestra cortesía hacia otros. Si te llaman por teléfono, responde las llamadas en forma oportuna; a menos que el Señor te muestre no hacerlo; pero que no sea por falta de cortesía, sobre todo con tus líderes, y ancianos, y pastores de la iglesia.
32. Muestra a tus líderes y pastores, y personas mayores, el respeto especial que merecen.
33. Ten sensibilidad y comprensión hacia tus líderes, que debido a sus múltiples compromisos, no siempre pueden regresarte una llamada telefónica al momento.
34. A las personas que tienen mayores responsabilidades en la iglesia busca responderles con prontitud.
35. Comprende si tu líder no tiene disponibilidad para conversar largo y tendido en el teléfono o en persona, por cada motivo que viene a la mente, o con todas las personas de la iglesia. Si muchas personas lo hacen, no tendría tiempo ni para dormir.
36. Sé sensible en las horas de llamar por teléfono o visitar.

37. Si te es factible, llama antes de visitar a tus líderes o pastores para saber de su disponibilidad. Muchas veces su calendario de actividades y compromisos es muy ocupado.

38. Aprovecha las reuniones de discipulado si tienes alguna pregunta. Si requieres más tiempo puedes hacer una cita con tu líder.

39. Cuida tu lengua: **Ef 4:29** Habla solo para edificar. Es importante no hablar para deshonrar. Parejas, hónrese unos a otros.

40. Dentro de la prudencia necesaria informa a tu pastor o líder de cualquier situación dentro de la iglesia que requiere su atención para el beneficio de la iglesia.

41. No actúes ni obres en forma divisiva o política promoviendo grupitos o buscando poder o influencia dentro de la iglesia. Observemos el ejemplo de Dios Triuno: Tres Personas en un Dios, obran en total acuerdo.

42. Tienes libertad para invitar gente a tu casa o hacer reunión de cumpleaños o simplemente amistosa con algunas personas: No necesitas pedir permiso a tu pastor o líder. Pero si quieres organizar algún evento, concierto, estudio bíblico semanal y empiezas a invitar a la iglesia sin antes hablar con tu pastor o líder te estás tomando una posición que Dios no te ha dado en la iglesia, y estás actuando en forma independiente sin mostrar humildad y sujeción a tu liderazgo.

43. Aprovecha a visitar y orar por los enfermos, o personas nuevas.

44. Vestuario: Vístete con pudor y modestia dentro y fuera de la iglesia. La modestia se manifiesta no solo en el vestir, mas también en el actuar y en el hablar. Líderes

deben dar el ejemplo. Jóvenes no deben participar en juegos de contacto (lucha libre, etc...) con personas del sexo opuesto.

45. Es importante que el liderazgo en el hogar guíe y tome decisiones en consideración de otros en la congregación. Los siervos y líderes deben apoyar las actividades y servicios de la congregación de manera de promover la edificación, salud y unidad del cuerpo.

ARREPENTIMIENTO

Arrepentirse significa cambiar tu manera de pensar y actitud en lo que respecto al pecado, para alejarte de él y voltearte hacia Dios, hacia Cristo Jesús, para el perdón y purificación.

1. ¿Quién Predicó el Arrepentimiento? Haga Observaciones al Respecto en los Siguientes Pasajes:
   a) Mat 3:1-12
   b) Mar 1:14-15
   c) Luc 13:1-5
   d) Hech 2:14-39
   e) Hech 17:24-34
   f) Isa 30:15

2. ¿Qué y Quiénes Juegan un Papel Importante en el Arrepentimiento? Haga Observaciones al Respecto en los Siguientes Pasajes:
   a) Jn 16:7-8
   b) Sal 139:23-24
   c) 1 Cor 2:1-5
   d) Heb 4:12-13
   e) Rom 2:4
   f) Jn 3:19-20
   g) Mat 13:3-9, 18-23
   h) Rom 2:12-15

3. ¿Cuál es la Diferencia Entre el Arrepentimiento y el Remordimiento? Haga Observaciones al Respecto
   a) Mat 27:3-5 (La Biblia de Las Américas usa la palabra "remordimiento" en lugar de "arrepentimiento" en Mat 27:3)

b) 2 Cor 7:8-10

c) Heb 12:14-17

d) El verdadero arrepentimiento consiste en cambiar de dirección en su comportamiento o actitud, es más que un pesar, o sentir remordimiento o culpa. La persona que es sorprendida robando puede sentir pesar de que fue sorprendida robando, pero sin experimentar arrepentimiento genuino.

   Judas sintió pesar y culpa de haber traicionado sangre inocente, pero no se arrepintió en el sentido de querer cambiar y buscar a Dios para perdón y restauración.

4. ¿Cuáles Son las Características y Frutos del Arrepentimiento? ¿Cómo afecta Nuestra Vida, Manera de Pensar, Sentimientos, Acciones? Haga Observaciones Sobre las Citas Bíblicas Siguientes:

   a) 2 Cor 7:10
   b) 1 Tes 1:9
   c) Luc 3:9-14
   d) 1 Cor 6:9-11
   e) Gal 5:19-25
   f) Joel 2:12-13
   g) Jn 8:1-11
   h) Isa 58:1-14

Fe

1. ¿Qué es Fe? ¿Cómo define Fe la Biblia? Leer Heb 11:1
2. ¿Tienes seguridad que mañana saldrá el Sol? ¿Por qué? ¿Porque ha salido siempre o porque Dios lo dice? ¿En quién está puesta tu fe? Leer Gén 8:22.
3. ¿Cuál es la diferencia entre: *"tal vez con la ayuda de Dios nos irá bien"*, *"ojalá nos vaya bien"*, *"Dios quiera y nos vaya bien"*, y *"estoy seguro que Dios está con nosotros; y Él es fiel, y por eso, porque estamos haciendo su voluntad podemos estar seguros que nos irá bien"*?
4. El decir: *"Dios es poderoso para salvar y me ama. Y por eso me tiro enfrente del tren, porque sé qué Él es poderoso para salvar y me ama. Se los voy a comprobar para que crean"*
    a. ¿Es fe en el sentido bíblico?
    b. No debemos confundir Fe con Tentar a Dios: Lee Mat 4:5-7.
    c. ¿Es posible confundir la fe sana con la arrogancia espiritual?
    d. ¿Conoces a alguien que creyó firmemente que Dios haría algo, y no ocurrió? Hay personas que creyeron que Dios les iba sanar, no fueron al médico y murieron de cáncer. ¿Qué pasó? ¿Les falló la fe? La Fe verdadera no consiste en esperar, dictarle o darle órdenes a Dios para que haga lo que queremos, fuera de su voluntad.
5. ¿Cuál o quién es un factor clave en la fe?
    a. Jn 14:1

b. Mar 11:20-24
c. Jn 1:12-13

6. ¿Está Dios obligado a hacer todo lo que le pidamos por fe? ¿Qué puede afectar la oración de fe?
    a. 1 Jn 5:13-15
    b. Sant 4:3-4
    c. Mat 6:33
    d. Mar 11:25-26
    e. Isa 59:1-2
    f. 1 Ped 3:7

7. ¿Qué efectos tiene nuestra fe o falta de fe en Dios?
    a. Heb 11:6
    b. Luc 9:37-43
    c. Luc 7:2-10
    d. Heb 11:8
    e. Heb 11:17-19
    f. Heb 11:24-26
    g. Heb 11:27
    h. Heb 11:32-34
    i. Heb 11:36-39
    j. Heb 3:12
    k. Heb 3:17-19
    l. Ef 2:8
    m. Rom 5:1-3
    n. Heb 10:38-39
    o. I Jn 5:4
    p. Rom 1:16-17
    q. Ef 6:16
    r. I Ped 1:3-6
    s. 2 Ped 1:2-4

    t. Heb 4:14-16

8. ¿Qué podemos hacer para aumentar nuestra fe?
    a. Mat 17:14-21
    b. Rom 10:17
    c. Mar 9:19-24
9. ¿De dónde vienen la fe?
    a. Heb 12:1 – 2
    b. Ef 2:8
    c. Rom 12:3
    d. 1 Cor 12:7-11
10. ¿Es posible tener una fe muerta?
    a. Sant 2:17-26

PECADO

1. Pecado, Transgresión, e Iniquidad

   a) Cuando hablamos de...

      - Transgresión, o Rebelión: El énfasis es en el quebrantamiento del mandamiento de Dios, traspasar la línea permitida; violación voluntaria de la ley de Dios. Rebelión contra el camino y requisitos que Dios demanda, y le agrada.

      - Iniquidad: El énfasis es en la perversión del hombre, su tendencia natural al pecado. Su manera de pensar egoísta, arrogante y ofensiva a Dios. Su depravación, comportamiento que emana de la persona perversa y moralmente corrupta a los ojos de Dios, ante la santidad de Dios (nosotros pudiéramos estar ciegos y no ver nuestra condición).

      - Pecado: El énfasis es en el fallar, en no lograr alcanzar la meta, no pegarle al blanco, no alcanzar el estándar que Dios requiere. Dada nuestra naturaleza imperfecta, caída y corrupta, a pesar de nuestras intenciones y esfuerzo no alcanzamos el estándar que Dios demanda. Aunque quisiéramos y nos propusiéramos nos hallamos cortos del estándar de Dios. Leer Mat 5:48.

      - Pecado, Transgresión e Iniquidad es Injusticia i.e.: no-rectitud. Es insulto, ofensa, abominación a Dios. Es todo lo que ¡le desagrada a Dios!

   b) Deut 25:16

   c) Isa 59:12-14

d) Ex 34:6-7
e) Ex 20:1-17
f) Lev 18:5
g) Rom 2:13-16
h) Sant 2:10-11
i) Rom 3:9-12, 20-24
j) Rom 7:18 al 8:2, Rom 7:7-14, Hech 1:8
k) Jn 6:28-29
l) Mar 1:14-15,
m) Jn 3:16
n) Ef 2:8-10
o) Mat 7:21, Luc 6:46
p) Jn 13:34-35

2. Origen y consecuencias del pecado

a) I Jn 3:8
b) 2 Tim 2:24-26
c) Jn 8:44
d) Gen 2:16-17, 3:1-6, 1 Tim 2:14
e) Gen 3:16-19
f) Sant 4:1
g) 1 Jn 2:15-17
h) Rom 5:12
i) Rom 7:7-10
j) Rom 6:23
k) Apoc 21:8
l) 2 Tes 1:8-10
m) 1 Jn 1:8-2:2

PERDÓN Y SALVACIÓN

1. ¿Qué tan amplio es el perdón de Dios?
   a) Sal 103:11-13
   b) 1 Jn 1:6-10, 2:1-2
   c) Heb 10:11-18

2. ¿En qué consiste la salvación de Dios?
   a) Jn 5:24
   b) 2 Cor 5:19-21
   c) Hech 2:38-39
   d) Rom 8:13-17
   e) Jn 11:25-26
   f) Jud 1:24-25
   g) Fil 2:13
   h) Fil 4:13
   i) Gal 5:1
   j) Gal 5:22-24
   k) 1 Cor 12:7

La Palabra de Dios

Las Sagradas Escrituras, es decir, la Biblia, es la revelación dada por Dios de sí mismo, del hombre, de la historia de la creación, del pecado, del plan divino de la salvación y del futuro eterno. Dios usó hombres para escribir las Escrituras, pero fue el Espíritu Santo quien inspiró las palabras y mensajes que escribieron.

La Biblia contiene 66 libros: 39 en el Antiguo Testamento y 27 en el Nuevo Testamento.

Los libros están divididos en capítulos y versículos para referencia. Esta organización en capítulos y versículos fue añadida para nuestro beneficio; si bien es buena y útil, la división en sí no es de inspiración divina.

El Antiguo Testamento en su mayoría fue escrito en el idioma hebreo, excepto algunas pequeñas porciones que fueron escritas en el arameo. El Nuevo Testamento fue escrito en griego.

2 Tim 3:16-17	Toda la Escritura es inspirada por Dios, y es útil para...
Isa 40:8	Las Escrituras permanecen para siempre, son confiables a través del tiempo. No pasan de moda.
2 Ped 1:20-21 **1 Cor 2:12-14** **Jn 14:25-26**	Las Escrituras no fueron escritas por idea o por voluntad de hombres. Fue Dios quien movió e inspiró a sus autores. Y su interpretación es específica. Sin el Espíritu Santo no se pueden entender.

<u>Heb 4:12-13</u> **<u>Jer 23:28-29</u>** **<u>Sal 33:6, 9</u>** **<u>Jn 6:63</u>** **<u>1 Ped 1:23</u>**	La Biblia es más que información, Es más que un libro de historia pasada y futura.
<u>Gen 3:14-15</u> **<u>Gen 22:10-14</u>** **<u>Gen 48:8-10</u>** **<u>Isa 9:6-7</u>** **<u>Amós 8:7-10</u>** **<u>Miq 5:2</u>** **<u>Jn 1:29</u>** **<u>Fil 2:9-11</u>** **<u>Fil 3:7-10</u>** **<u>Col 1:13-19</u>** **<u>Luc 24:25-27</u>**	Jesucristo es central en la Biblia y la creación. El sistema de sacrificios del Antiguo Testamento apuntaba a la cruz, al Salvador profetizado; y el Nuevo Testamento revela y glorifica a Jesús y Su obra redentora.
<u>Isa 42:9</u> **<u>Isa 46:9-11</u>** **<u>Isa 48:3</u>**	Los cientos de profecías cumplidas dan testimonio del único Dios vivo y verdadero, todo poderoso, soberano.

<u>Tarea - Grupo de Discipulado</u>

- Leer y meditar en las Escrituras cada día.
- Memorizar Sal 23:1-6. Escribirlo en un papel para ayudar a memorizarlo.
- Llamar y orar con personas asignadas dentro del grupo.

- Algunos que llamen a visitantes recientes, animarles y orar por ellos.

¿Cómo estudiar la Biblia? Pide a Dios en oración su guía y entendimiento. Si no estás dispuesto a caminar en obediencia a Dios no esperes que Dios te ilumine. Lee varias veces el texto y medita cuidadosamente en lo que lees. Busca entender el significado literal de las palabras. Busca entender el pasaje en contexto, no lo aísles de su contexto. Trata de conocer la cultura en que se dio el pasaje. Medita sobre quién dijo qué, y a quién lo dijo, y por qué, y en qué situación, y qué sucedió, y la aplicación que esto tiene para tu vida. Compara Escritura con Escritura. Tu entendimiento del pasaje debe armonizar y no violar ninguna otra parte de la Biblia, pues Dios nunca se contradice a sí mismo.

Salmo 23

1. ¿Quién lo escribió?
2. ¿En qué tiempo vivió el autor? Cerca del año 900 A de C.
3. ¿Qué pasaba con su nación en esos días? ¿Había algún rey gobernando? 1 Sam 13:1, Hech 13:21, 2 Sam 5:4
4. ¿Lugar en que creció? ¿qué hizo en su niñez y adolescencia? 1 Sam 16:1, 11-13
5. Carácter del autor: 1 Sam 13:13-14, 1 Sam 16:18, 1 Sam 17:31-37,45-47
6. ¿Había paz en la tierra en los días del autor? 1 Sam 11:1-2, 1 Sam 13:5, 1 Sam 17:1
7. ¿Dónde vivían los enemigos del pueblo israelita?
8. Salmo 23:1 ¿Qué quiere decir? ¿somos corderos?¿Lleva un pastor a sus ovejas a bañarse al mar revuelto?
9. Sal 23:2-3 ¿Qué quiere decir?

10. Sal 23:4 ¿Qué quiere decir "infundir"? ¿qué es el cayado? ¿qué es la vara?
11. Sal 23:5 ¿Qué significa? ¿qué quiere decir "rebosando"?
12. Sal 23:6 ¿Qué quiere decir?
13. ¿A quién le escribió este salmo el autor? ¿por qué?
14. ¿Qué te dice a ti personalmente este salmo?

Versículo	Referencias
Salmo 23:1a	1 Sam 17:31-37, Jn 10:10-11, Jn 10:27-30
Salmo 23:1b	Mat 6:33, Fil 4:11-13, Rom 8:28
Salmo 23:2a	Mat 11:28
Salmo 23:2b	Jn 7:37-38, Sal 42:1-2
Salmo 23:3a	Isa 40:28-31
Salmo 23:3b	Jn 12:26, Rom 8:14
Salmo 23:4	Mat 28:20, Jn 14:23, Rom 8:31, 1 Jn 4:4
Salmo 23:5a	Apoc 3:9
Salmo 23:5b	Luc 11:13, Hech 1:8
Salmo 23:5c	Jn 10:10, Gal 5:22
Salmo 23:6a	Mat 5:7, Sal 84:11, Sal 5:11-12
Salmo 23:6b	Jn 14:1-3

Tarea: Memorizar Sal 23:1-6. Llamar a cierta persona dentro del grupo o fuera para saludarle y orar. Participar en reunión de media semana. Llegar a tiempo a la alabanza si es posible.

Lenguaje Figurativo vs. Narración Histórica

Algunos comentarios que hago a continuación son sacados del - o basados en el - libro: 'An Introduction to Hermeneutics: Understanding and Applying the Bible'. Dr. J. Robertson McQuilkin.

* "Lenguaje literal debe ser interpretado literalmente, lenguaje figurativo, figurativamente; y lenguaje poético, poéticamente"

* "Lenguaje figurativo es cualquier palabra usada con un significado distinto al significado literal, común"

Ejemplos

Fil 3:2 "*Cuidaos de **los perros**, cuidaos de los malos obreros, cuidaos de la falsa circuncisión;*" Pablo no se refiere a los Doberman, o Pitbulls, o a otro perro en sentido literal.

Luc 13:31-32 "*llegaron unos fariseos diciéndole: "Sal y vete de aquí, porque Herodes te quiere matar. Y Él les dijo: Id y decidle a ese **zorro**: "Yo expulso demonios, y hago curaciones hoy y mañana, y al tercer día cumplo mi propósito.*""

Razones de su uso

1. Para enfatizar un punto. Hay mayor fuerza en la expresión "decidle a ese zorro" que en "decidle al rey".
2. "*Si alguno viene a mí, y no aborrece a su padre y madre, a su mujer e hijos, a sus hermanos y hermanas, y aun hasta su propia vida, no puede ser mi discípulo.*" **Luc 14:26** La expresión es más fuerte q decir "Si alguno... no me ama a mí más que a su padre y madre..."

3. El lenguaje figurativo se usa para oscurecer el significado, como en el caso de las parábolas. **Luc 8:10** *"A vosotros se os ha concedido conocer los misterios del reino de Dios, pero a los demás les hablo en parábolas, para que viendo, no vean; y oyendo, no entiendan."*

Guías de interpretación

1. Se debe estar siempre alerta a la posibilidad que el lenguaje usado sea figurativo o poético. Pero como en cualquier comunicación humana, uno debe comenzar con la suposición de que el autor está diciendo algo que debe ser tomado literalmente.

2. El lenguaje Bíblico debe ser tomado en sentido literal a menos que haya una de tres razones claves para considerarlo en sentido figurativo.
   - Si significado sería obviamente ilógico y absurdo de ser tomado literalmente. Jesús dijo "*Yo soy la puerta*", "*Yo soy el camino*", "*Yo soy el pan de vida*'.
   - El contexto puede indicar que el lenguaje es figurativo.
   - Si contradice un significado más claro y permanente de las Escrituras. *"Si alguno viene a mí, y no aborrece a su padre y madre, a su mujer e hijos, a sus hermanos y hermanas, y aun hasta su propia vida, no puede ser mi discípulo."* **Luc 14:26**

     Interpretación literal contradice el mandato claro de amar y honrar a nuestros padres (Ex 20:12).

3. Si bien es legítimo considerar la posibilidad de una interpretación no literal, el estudiante de las Escrituras no debe forzar una interpretación figurativa (motivado por sus propios prejuicios): La creación, espíritus inmundos, la resurrección, la segunda venida de Cristo son conceptos inaceptables para quienes abrazan

presuposiciones naturalistas. **Mat 22:29** "*Jesús respondió y les dijo: Estáis equivocados por no comprender las Escrituras ni el poder de Dios.*"

El Hogar

I- Instrucciones: Cristo y la Palabra de Dios es la Base para Todo

- Necesitamos Su palabra para guía, dirección, y afrontar cualquier decisión o problema
  - ✶ **Sal 119:105** *"Lámpara es a mis pies tu palabra, y luz para mi camino."*
  - ✶ **2 Tim 3:16**
  - ✶ Necesitamos una base, una referencia, un fundamento, un idioma espiritual para resolver nuestras situaciones. Es muy difícil mantenerse unidos si esa base no es la misma para los integrantes del hogar.

- Necesitamos a Cristo ante los retos de la vida: Estar en Cristo
  - ✶ **Fil 4:13** *"Todo lo puedo en Cristo que me fortalece"*

- Necesitamos estar entregados sin reservas, fieles a Dios, sin dudar en Él
  - ✶ **Apoc 3:15-16** *"Yo conozco tus obras, que ni eres frío ni caliente, ¡Ojalá fueras...! ... Así, puesto que eres tibio,..."*
  - ✶ **Rom 8:31** *"...Si Dios está por nosotros....."*
  - ✶ **Ef 1:17-23** Poder infinito a nuestro favor
  - ✶ **Sant 1:5-8**

II- Apariencia, Pureza y Castidad

- Importancia de buscar agradar al cónyuge en la presentación física.

- ✶ Higiene personal. Vestirse en forma agradable a la vista. Arreglarse el cabello. Un poco de maquillaje si ayuda, está bien y es recomendable.
- ✶ Pero, la apariencia externa no debe traspasar la línea de la pureza y castidad.

- <u>Importancia de la pureza en la persona</u>
  - ✶ **<u>Gal 5:19</u>** *"Ahora bien, las obras de la carne son evidentes, las cuales son: <u>inmoralidad</u>, <u>impureza, sensualidad</u>... y cosas semejantes, contra las cuales os advierto, como ya os lo he dicho antes, que los que practican tales cosas no heredarán el reino de Dios."*
  - ✶ Vivimos en días de mucha sensualidad, y necesitamos cuidarnos en esta área.
  - ✶ Usar ropa sexualmente provocativa en público o ante otros (excepto el casado ante su cónyuge), no viene de Dios.
  - ✶ La ropa debe encubrir no exponer y resaltar las partes íntimas de la mujer: Faldas y shorts arriba de las rodillas; y ropa bien apretada a los senos, caderas y piernas, de manera de convertirse simplemente en una 'piel externa' que revela las partes, no es algo que Dios puede inspirar.
  - ✶ **<u>Jud 1:21-23</u>** *"conservaos en el amor de Dios, esperando ansiosamente la misericordia de nuestro Señor Jesucristo para vida eterna. Y tened misericordia de algunos que dudan a otros, salvad, arrebatándolos del fuego; y de otros tened misericordia con temor, <u>aborreciendo aun la ropa contaminada por la carne</u>."*
  - ✶ Soltera (o): No uses provocación sensual para atrapar a tu pareja (eso no es sabiduría de Dios); usa inspiración y dirección de Dios.

- ✶ **Sant 3:17** *"Pero la sabiduría de lo alto es primeramente pura, después pacífica, amable, condescendiente, llena de misericordia y de buenos frutos, sin vacilación, sin hipocresía."*
- ✶ Así como es la carnada que uses, así será la presa que atrapes.
- ✶ **Gal 6:7-8** *"No os dejéis engañar, de Dios nadie se burla; pues todo lo que el hombre siembre, eso también segará. Porque el que siembra para su propia carne, de la carne segará corrupción..."*
- ✶ Dios no cerrará Sus ojos a tu incredulidad, y a tu astucia inmoral. Confía en Dios. **Prov 3:5-7** *"Confía en el SEÑOR con todo tu corazón, y no te apoyes en tu propio entendimiento. Reconócele en **todos** tus caminos, y El enderezará tus sendas. No seas sabio a tus propios ojos, teme al SEÑOR y apártate del mal."*
- ✶ Importancia de Obedecer a Dios en esta área aún para los casados
- ✶ Mujer casada: Vestirse provocativamente en público, atraerá la atención de otros hombres; que pueden atrapar tu atención y destruir tu matrimonio. No uses esta estrategia para provocar celos y retener a tu esposo, puede terminar destruyendo tu hogar.
- ✶ Nunca obligues a tu esposa vestirse indecentemente para vanagloriarte de su figura ante otros: Será piedra de tropiezo para otros, despertando y alimentando deseos pecaminosos.
- ✶ Tampoco abraces sensualmente, e inapropiadamente, a tu cónyuge en público: Provocas y lastimas al que está sin pareja.

- El casarse no elimina las tendencias pecadoras hacia la fornicación e infidelidad. Si así fuera... ¡nadie cometería adulterio! Ten cuidado de ti mismo.

- El temor a Dios es importante.
    - ✶ **Gal 5:19** *"Ahora bien, las obras de la carne son evidentes, las cuales son: inmoralidad, impureza, sensualidad... y cosas semejantes, contra las cuales os advierto, como ya os lo he dicho antes, que los que practican tales cosas no heredarán el reino de Dios."*
    - ✶ **Prov 1:7**
    - ✶ Necesidad de humillarse, y obedecer y depender de Dios.
    - ✶ **Sant 4:7** *"Someteos, pues, a Dios; resistid al diablo, y huirá de vosotros."*
    - ✶ **I Ped 5:6-11** *"Humillaos, pues, bajo la poderosa mano de Dios..."*

- Es importante conducirnos sabiamente con los de afuera
    - ✶ **Col 4:5** *"Andad sabiamente para con los de afuera, aprovechando bien el tiempo."*

- Necesidad de proteger la mente, escoger las amistades, evitar ciertas personas, cuidar lo que uno ve, lee y escucha (Evitar ciertos estímulos).
    - ✶ **Sal 101:3** *"No pondré cosa indigna[6] delante de mis ojos; aborrezco la obra de los que se desvían; no se aferrará a mí."*

- La inactividad es terreno para el pecado: Mantener la mente ocupada en el servicio a Dios es importante.
    - ✶ **Col 4:5** *"Andad sabiamente para con los de afuera, redimiendo el tiempo."*

- El amor a Cristo es importante
    - ✶ **2 Cor 5:14-15**
    - ✶ Orar para que el amor a Cristo sea mayor que el deseo al pecado.

- Para el adulto sin pareja, la soltería puede ser un reto grande; la necesidad por intimidad puede ser fuerte. Pero no es excusa para pecar: Debemos resistir la carne, el mundo y el diablo. Con Dios todo es posible.
  - ✶ **Fil 4:13**

- Necesidad del ES.
  - ✶ **Gal 5:16-18**
  - ✶ **Rom 8:13-14**

- Necesidad de fortalecerse con la Palabra, leerla y memorizar Escritura. Orar, congregarse y ocuparse en las cosas de Dios. Meditar en Escrituras que invitan a la pureza y rectitud.
  - ✶ **Sal 84:11-12**
  - ✶ **Sal 5:11-12**
  - ✶ **Isa 32:17**
  - ✶ **Jer 17:14**
- La tentación no es pecado, el ceder a la tentación ¡sí!

III- Consejos Varios

- Necesidad de dar espacio a tu cónyuge: A veces puede estar callado (a), triste, poco comunicativo (a). La solución no es inquietarse y bombardearlo (a) con preguntas, mas orar por él (ella). Dios es poderoso para obrar.
- No siempre el momento es oportuno para tratar los problemas. A veces es necesario esperar que la pareja que viene del trabajo y está agotado (a), se relaje un poco. O si está alterado (a) o enojado (a), esperar a que se calmen los ánimos antes de tratar un asunto difícil.
- No puedes cambiar a tu cónyuge. Dios ¡sí! Habla con Dios.
- Si las palabras no ayudan, prueba con el ejemplo

- **I Ped 3:1-7**

- No esperes de tu cónyuge lo que solo Dios puede hacer o ser en tu vida.
- No te enfoques en los defectos de tu cónyuge. Busca corregir los tuyos. Tú no darás cuenta a Dios de los errores de tu cónyuge, pero sí de los tuyos. Buscar honrar a Dios con tu vida, no destruir a tu cónyuge bombardeándolo por sus defectos.
    - **Prov 27:15**
    - **I Ped 4:8**
- No abrigues amargura contra tu cónyuge
    - **Heb 12:14-17**
- La Prudencia, el Discernimiento, la Discreción y la Sabiduría
    - **Prov 8:12** *"Yo, la sabiduría, habito con la prudencia, y he hallado conocimiento* y *discreción."*
    - **Prov 3:21-22** *"Hijo mío, no se aparten* estas cosas *de tus ojos guarda la prudencia y la discreción, y serán vida para tu alma, y adorno para tu cuello."*
    - ¿Qué es la prudencia? Es el actuar o hablar cuidadosamente, no impulsivamente, considerando los posibles resultados de nuestras palabras y acciones antes de proceder. Tiene que ver con tener sentido común, con reflexionar antes de proceder. Implica discernimiento de la situación que uno tiene por delante, proceder con buen juicio y sensatez, no deschavetadamente, no en forma atolondrada, alocada o precipitada. Tiene que ver con hablar y proceder con cordura no en forma desacertada, desatinada. Tiene que ver con hablar solo lo necesario, y cuando es oportuno, no como una lora sin parar, derramando

todo lo que a uno se le viene a la mente, descuidadamente sin importar la situación.

- **Prov 10:19** *"En las muchas palabras, la transgresión es inevitable, mas el que refrena sus labios es prudente."*
- **Isa 5:13** *"Por eso va cautivo mi pueblo por falta de discernimiento; sus notables están muertos de hambre y su multitud reseca de sed."*

* El discernimiento es importante. Es tener entendimiento de la realidad de las cosas, no juzgando por las apariencias. Es poder ver más allá de las apariencias.
    - **Sal 119:99** *"Tengo más discernimiento que todos mis maestros, porque tus testimonios son mi meditación."*
* ¿Qué es la discreción? Es tener sensibilidad ante una situación, percibir una situación y ser cuidadoso para evitar momentos vergonzosos. Es saber guardar en forma confidencial asuntos que no necesitan hacerse públicos. Es saber retener información que no conviene compartir a otros, o saber compartirla en el momento apropiado.
* ¿Qué es la sabiduría? Es obrar de forma que produce buen fruto, buenas consecuencias. Es tener conocimiento y aplicarlo apropiadamente. Consiste en tener conocimiento y saber utilizarlo tomando buenas decisiones para obtener resultados beneficiosos. Es saber tomar decisiones buenas basadas en el conocimiento y la experiencia que se tiene, o aprendiendo de la de otros.
* **Prov 8:5** *"Oh simples, aprended prudencia; y vosotros, necios, aprended sabiduría."*

- ✶ El simple todo lo cree. El prudente pesa la situación y lo que oye, y no se deja llevar por las apariencias.
- ✶ Cuántos hogares sufren porque el esposo (a) actúa deschavetadamente, sin prudencia, sin discernimiento, y se mete en problemas afectando su hogar, o a los hijos.

- La manera que tratas a tu cónyuge e hijos en tu hogar es importante para tu destino eterno
  - ✶ **Gal 5:19-25**
  - ✶ **Fil 1:27-28**
  - ✶ **Sant 1:22**
- Dios no honra la holgazanería, la pereza y la irresponsabilidad. No la practiques ni la toleres en tu hogar.
  - ✶ **Prov 6:6-11**
  - ✶ **Prov 22:13**
  - ✶ **Mat 25:26-30**
  - ✶ **I Tim 5:8-16**
- Hay límites en toda relación sana. No los atravieses destruyéndola.
  - ✶ El abuso físico, verbal o emocional puede ser motivo de separación para protegerse o proteger a los hijos.
  - ✶ Si en el noviazgo ya hay abuso no esperes que en el matrimonio sea mejor.
- Necesidad de respeto y consideración
  - ✶ Debes ser considerado, amable, agradecido y atento con tu esposa. No la trates rudamente, es un vaso delicado. No le des órdenes como un sargento del ejército a su pelotón. Trátala con dignidad y amor. **1 Ped 3:7**
  - ✶ Respeta a tu esposo, ama a tu esposa. **Efes 5:33**

- ✶ El matrimonio es entre dos personas con naturaleza caída, egoísta y pecadora. Se necesita el Espíritu Santo para un buen matrimonio.
- ✶ **Gal 5:22-25**
- ✶ El amor que demanda el matrimonio solo Dios lo puede dar. Dios te lo quiere dar. Busca a Dios. **Fil 4:13**

- Necesidad de intimidad guiada por el amor de Dios
    - ✶ No prives a tu cónyuge en represalia o como castigo.
    - ✶ No exijas que tu cónyuge haga algo (dentro de la relación íntima) que le ofende o lo considera inapropiado.
    - ✶ No busques solo tu propio deseo, busca complacer a tu pareja, y hacerla (o) sentir satisfecha (o).

- Cuidado de compartir tus intimidades y problemas de pareja con cualquier persona. Sé prudente.
    - ✶ Muchos 'amigos' han destruido matrimonios porque juzgan sin saber (Solo Dios sabe toda la verdad de lo que ocurre).
    - ✶ Otros han destruido matrimonios porque aconsejan sin la Palabra de Dios. Ayuda orando, manteniendo prudencia, compartiendo Escritura que se aplica.

IV- Instrucciones de la Palabra: Personas Divorciadas

- Fracasos pasados los cubre la Cruz de Cristo
    - ✶ **2 Cor 5:17** *"De modo que si alguno está en Cristo, nueva criatura es; las cosas viejas pasaron; he aquí, son hechas nuevas."*
    - ✶ **2 Cor 5:19-21** *"Dios estaba en Cristo..."*

- Trato con ex-cónyuge
    - ✶ No alimentar odio. Buscar ayuda de Dios para perdonar.
    - ✶ Si hay hijos de por medio, reconocer ex-cónyuge es padre/madre de tus hijos. Necesidad de evitar hablar mal de ellos, o desprestigiarles ante tus hijos.
    - ✶ Sabiduría para no provocar celos en matrimonio actual. A veces es muy necesario mantener una distancia sana con ex-cónyuge
- Trato a hijos de matrimonios anteriores
    - ✶ Los hijos no tienen culpa, y no deben sufrir más por vivir en un hogar mixto. Necesidad de tratar a todos los hijos igual. Papa / Mamá debe tratar con amor y respeto a sus hijastros.

V- Noviazgo Bíblico

- No al noviazgo tradicional que practica besarse y acariciarse inapropiadamente, y hasta intimidad sexual.
- **2 Cor 6:14-18** Solo entre creyentes.
- Noviazgo: Propósito de conocerse más afondo el uno al otro, buscando la voluntad de Dios en cuanto a posibilidad de matrimonio.
- Noviazgo: Oportunidad de compartir la fe, aprovechar a servir juntos en el ministerio, buscar entender llamado de Dios para cada uno en forma personal y como pareja si progresan al matrimonio. Ver dones espirituales, llamado del hombre/ cabeza del hogar.
- Debido al propósito del noviazgo, es solo para cuando existe la madurez de que relación progrese a matrimonio. Debe haber en ese entonces un compromiso serio y mutuo de considerarse uno al otro para una relación futura

matrimonial; y no estar 'considerando' varias personas a la vez. Antes de ello: Amistad cercana, sin compromiso mayor, está bien.

- Sabiduría y pureza en la relación: Evitar situaciones que se abran a tentación y pecado, los cuales perturbarán una decisión sabia respecto a matrimonio.
- **I Cor 6:9-11** Relación sexual en la pareja antes de matrimonio no es bíblico. Si la persona no puede esperar, no te ama como Dios requiere. Si no honras a Dios no esperes su bendición.
- Cuidado en el noviazgo. No busques provocar sensualmente a tu novio (a). La carne es débil y las consecuencias son desastrosas.
- Cuidado de precipitarse por el deseo de tener pareja: El matrimonio es ¡para toda la vida!

La Batalla Espiritual

Tenemos tres enemigos: Satanás, el mundo y la carne (naturaleza pecadora). Satanás es el padre de la mentira, y el mundo yace bajo su dominio (engañado). Además tenemos una naturaleza corrupta que tiene deseos distorsionados, contrarios a Dios. Necesitamos conocer la verdad, y ser apartados del engaño por medio de Cristo y Su Palabra. **Jn 8:31-47**

Una de las estrategias de Satanás es que no creamos que hay infierno, y que desconozcamos las promesas de Dios, que subestimemos que hay una herencia eterna preciosa superior a todo lo que este mundo y sus placeres pueden ofrecer. Si no creemos, la despreciaremos.

La estrategia de Satanás es bombardear nuestra fe, hacer dudar nuestro conocimiento de la verdad. Pero el infierno y el cielo son reales.

- **Mar 9:43-50**
- **2 Cor 10:3-5**
- **Efe 6:10-20**
- **Sant 4:4-8**
- **1 Ped 5:6-10**
- **Mat 10:34-36**
- **Jn 15:17-20**
- **I Jn 2:15-17**
- **Rom 7:19-20, 24-25**
- **2 Tim 2:3-4**
- **Rom 8:31-39**
- **Fil 4:13**
- **2 Cor 2:14**

- **Jos 1:9**
- **Heb 12:1-3**

<u>SACRIFICIOS, DIEZMOS, OFRENDAS, Y FINANZAS</u>

- <u>Algunas Referencias Bíblicas</u>
  - **<u>1 Sam 15:22-23</u>**
  - **<u>Rom 3:20-24</u>**
  - **<u>Mat 22:34-40</u>**
  - **<u>Num 18:8-21, 25-29</u>**

- <u>El Diezmo y las Ofrendas</u>
  - En el Antiguo Testamento, el pueblo de Dios honraba al Señor con el fruto de la tierra y del ganado. Tanto los primeros frutos de la tierra, como los primogénitos, y la décima parte del fruto de la tierra y del ganado, le pertenecían al Señor. Adicionalmente, el pueblo daba ofrendas voluntarias en acción de gracias a Dios por su bondad y fidelidad.
  - Los diezmos y las ofrendas se usaban para los sacrificios que se ofrecían en el altar de bronce al Señor; y también se usaban para la obra del Templo, y para la manutención de los levitas y sacerdotes que estaban a cargo del templo del Señor y sus ministerios.
  - En el Nuevo Testamento los creyentes ofrendaban también. Las ofrendas eran usadas para financiar y prosperar la obra del Señor en medio de ellos, para apoyar a los siervos dedicados a la enseñanza de la Palabra, para ayudar a los pobres y a las viudas, y para llevar la Palabra y el amor del Señor a otros lugares del mundo.
  - Si bien no estamos bajo la ley, hoy en día tenemos más que suficientes razones para ofrendar generosamente: Lo hacemos como expresión de

agradecimiento a Dios por su fidelidad y amor mostrados en la cruz del Calvario; adorándole no solo con los labios mas también con nuestros recursos.

- El dar al Señor es también una manera de mostrar nuestro compromiso con Dios y su obra. Dios no necesita nuestro dinero, pero Él hace su obra a través de sus siervos, aquellos que quieren honrarle y servirle con todo su corazón, alma, mente y fuerzas; incluyendo sus recursos.
- Cuando ofrendamos generosamente, demostramos nuestra confianza en que Él es poderoso y fiel para satisfacer nuestras necesidades, tal como lo promete en Su Palabra.
- En algunas iglesias pasan el platillo, canasta o bolsa de ofrenda durante el servicio; en otras los miembros pasan públicamente a depositar sus diezmos y ofrendas durante el servicio. Esta segunda práctica no es de mi mayor agrado pues muestra públicamente quién ofrenda y quién no. En otros lugares se pone la caja de diezmos y ofrendas a la entrada del salón principal, para que sus miembros participen en este ministerio y servicio al Señor, depositando su ofrenda discretamente.
- Los recursos financieros personales en nuestras manos no nos pertenecen a nosotros sino al Señor. Solo somos mayordomos, administradores (Tito 1:7; Mateo 25:13–18) de Sus recursos, y necesitamos ser un buenos administradores, manejarlos apropiadamente y ser hallados fieles.
- Nuestras vidas no deben caracterizarse por el amor al dinero, el lujo y el gasto descuidado en nosotros mismo (1 Tim 6:6–11). Por el contrario, necesitamos vivir con un estilo de vida sencillo,

caracterizado por el sabio uso de los recursos que se nos han confiado.

- Billy Graham ha dicho que hay tres cosas con las que un ministro de la Palabra debe ser cuidadoso: Mujeres, Dinero y Orgullo. Creo que todo siervo de Dios debe cuidarse en esas áreas.
- El dinero es una trampa y una ruina para muchos (1Tim 6:9–11), así que cuando se trata de dinero, necesitamos ser sabios.

* <u>Algunos Pasajes Bíblicos Adicionales Sobre la Ofrenda:</u>
    - 2 Cor 9:5.
    - 2 Cor 9:6-7
    - Fil 4:17
    - Mar 12:41-44
    - Mal 3:7-12
    - Mat 6:3

LLAMADOS A SER TESTIGOS

Parte I

¿Testigo de quién? **Hech 1:8**

¿Qué es un testigo? **Jn 4:3-45** (La Mujer Samaritana)

¿Qué cosas hemos de testificar de Jesús? Quién es, sus palabras, sus obras, su importancia en la vida de c/u, su venida. Vive, Hijo de Dios, Pagó por nuestros pecados, único camino de salvación, que hay un cielo y un infierno.

Rom 6:23, **Mar 9:43-48**, **Rom 3:23**, **Jn 3:16**, **Jn 14:6**, **Hech 4:11-12**, **Mat 7:13-14**, **Prov 14:12**, **Mat 7:21**, **Jn 6:28-29**, **Ef 2:8-10**

¿Está en nuestras manos convencer a la gente? **Jn 16:7-11**

¿Qué se requiere para ser un Testigo de Jesús? **Hech 1:8**

¿Cómo testificaremos? **Mat 5:13-16**, **Rom 10:13-15**, **Jn 3:7-8**, **I Ped 3:15**

¿Cuáles son los elementos esenciales para la salvación? **Rom 10:5-11**

¿Por qué no usamos el término Testigo de Jehová?

¿Qué debe motivar nuestro testimonio?

¿Qué debemos hacer antes de testificar?

Cuando des tu testimonio de salvación:

- No necesitas contar toda la maldad que hacías antes.
- Busca glorificar a Jesús, no la vida desenfrenada que vivías.
- No trates de hacer creer a la gente que la vida

cristiana es sin problemas.

- Trata de no alargar tu historia.
- Observa tu audiencia, para saber cuánto extenderte.
- Enfatiza lo que Cristo ha hecho por ti, no lo que tú haces para Cristo.
- Cada cristiano tiene un testimonio precioso, no necesitas compararte con nadie, tampoco trates de dramatizarlo o exagerar para hacerlo más impresionante.
- Busca que la persona reciba a Cristo.

Parte II

1. Presenta el evangelio
    - Todos estamos condenados por la ley y la conciencia.
    - Necesidad de arrepentimiento. Isa 55:6-7 Hech 2:38-39, Mar 1:14
    - Pago completo en la cruz. Jn 3:16 Heb 10:12-14
    - Fe en Jesús Jn 3:16

2. Presenta tu testimonio

Algunas Guías Para La Oración en Grupo

1. **Hechos 2:42** *"Se dedicaban continuamente a las enseñanzas de los apóstoles, a la comunión, al partimiento del pan y a la oración."*

2. La oración es para comunicarse con Dios.
   La oración no debe usarse como un canal para predicar a otros. Si usted tiene algo que decirle a algún hermano por favor hágalo en el momento y la forma oportuna, pero la oración no debe usarse como excusa para ello.

   No use la oración para impresionar o manipular, tampoco como una forma de decirle algo o predicarle a otros en la reunión. **Mat 6:6**

3. Oración en grupo.
   Si bien la oración es para hablar con Dios, ésta puede y debe ser practicada en privado y en público. El Señor ha establecido la oración en público, donde dos o más se reúnen para buscar del Señor en oración; o para traer alguna petición o adoración conjuntamente. Deje que el Espíritu Santo se mueva en el grupo, y vaya dirigiendo a las distintas personas, en orden, con las peticiones o palabras de acción de gracias, alabanza y adoración que se han de presentar ante Dios.

   Al orar en voz alta, hágalo en voz suficientemente alta para que todos escuchen y apoyen su petición. Si usted solo susurra y nadie le entiende, nadie podrá apoyar su oración. También sea específico y directo en la oración. Use la oración para presentar situaciones o necesidades específicas a Dios; y para alabarle y exaltarle por atributos u obras específicas.

   No acaparre el momento de la oración. Dé oportunidad a que oren los demás. Recuerde además que su oración no necesita ser larga para que Dios le escuche. Dios no le va oír más, ni sus oraciones tendrán mayor poder porque sean kilométricas, de largo metraje, oraciones largas, sin parar y sin pausas.

Es importante orar por sus necesidades y la de sus familiares; pero sus ojos deben estar puestos en Dios y en buscar el Reino de Dios sobre todas las cosas. Busque que Dios sea glorificado además de en su vida y familia, en su congregación; en su trabajo; en su vecindario, en su ciudad, país y hasta los confines del mundo; según el Espíritu Santo guíe a cada uno en el grupo.

La oración no es un monólogo, donde le hablamos a Dios y ya; debe ser también tiempo para escuchar la voz de Dios. Dios puede usar a algún hermano o hermana para dar a conocer su voluntad específica en algún asunto. Todo debe ser sin embargo probado con las Escrituras. Tal como nos exhorta el apóstol Juan de probar los espíritus **1 Jn 4:1**, **Mat 18:19**

4. Sencillez.

   Mat 18:3-4

   La oración no debe ser complicada, no necesita palabras impresionantes. Entre más sencilla y sincera ¡mejor!

5. Prudencia.
   Usted tiene la oportunidad de orar en privado en su casa u otro lugar. Ocupe esas oportunidades para orar a Dios y compartir con Él cosas muy íntimas, suyas o de otras persona, que no son prudentes presentar a Dios cuando hay otros presentes.

   Tal vez usted sabe cosas muy confidenciales de otras personas, y siente carga por ellos, y desea orar por ellos en público. Si ese deseo es del Señor, y su corazón es recto, sabio y prudente, usted no buscará despertar curiosidad carnal en otros sobre dicha persona; ni revelará intimidades, ni usará la oración para anunciar a los cuatro vientos detalles que pueden ser usados para dañar más que para bendecir a la persona por la cual ora.

Recuerde: En algunos casos es mejor no orar en público por ciertas situaciones o personas. No permita que la oración en público se convierta en oportunidad para el chisme o destruir a otros. Todo lo que se haga y hable antes, durante, y después de la reunión de oración debe ser con prudencia, por amor sincero, para edificación y provecho; y sobretodo que glorifique a Dios.

Prov 24:3

Prov 18:2

1 Ped 4:8

6. Si una persona ora en alto, los demás apoyen en silencio **Mat 18:19, I Cor 14:29-40**

En la oración en grupo, considere y apoye en silencio la oración de la persona que ora en voz alta. Si bien un "amén" u otra breve expresión apoyando la oración del que ora en voz alta es apropiada, evite expresiones más largas que distraigan al que ora en voz alta o a al resto de los que le apoyan en oración. Espere su turno para orar si Dios le pone orar por algo más.

Parte del privilegio y responsabilidad de los creyentes que participan en la oración pública es buscar la guía del Espíritu Santo en todo, apoyando de acuerdo a la guía del Espíritu la petición del que está orando en voz alta. Pero, hágalo en silencio para no distraer al que ora en alto, o a los demás.

Espere a orar en voz alta hasta cuando el que ora en voz alta pare, o hasta que sea su turno, o momento oportuno.

En los servicios que se llevan a cabo en el templo o casa culto; generalmente el que está al frente es la persona que ora en voz alta. Desde su asiento apoye en silencio, y de acuerdo al Espíritu Santo, la oración del que guía desde el púlpito o asiento.

7. Oración en el Espíritu

   1 Cor 14:12-15

   Efe 6:18-20

8. La oración efectiva: Jesús es el Camino al Trono de Dios. La efectividad de nuestra oración no descansa en nuestro esfuerzo físico, o lo largo que ésta sea, o lo elocuente de las palabras.

   Heb 10:19-23

   Heb 4:14-16

9. La oración efectiva: Condición, motivación y petición correctas.

   Sal 66:18

   Sant 4:3

   1 Jn 5:13-15

   Jn 5:30

   Isa 59:2

   1 Ped 3:7

   Sant 1:6-8

   Sant 4:3-4

10. Si una persona habla, los demás prueban lo que se dice.

    1 Jn 4:1

11. Emociones.

    1 Cor 14:40

    Es claro que a veces las emociones nos embargan y lloramos al ser tocados por el Espíritu Santo, o por el dolor que pueda embargarnos. Pero algunas personas parecen tener la inclinación o tendencia de entrar en un estado emocional de descontrol, acompañado de gritos escandalosos, cada vez que oran en público. Acuérdese que no estamos huérfanos y sin esperanza. Tenemos un gran Dios que nos ama, nos escucha, conoce nuestras necesidades y no nos abandonará jamás.

Entendemos que hay situaciones especiales, como cuando alguien pierde a un ser querido, o una crisis familiar, etc. Sea sensible si en un grupo de oración, esta situación ocurre. El que dirige el grupo que aproveche para que se le ministre en forma personal a la persona que está descontrolada por alguna crisis grande que le embarga. En todo caso, las reuniones de oración normalmente no deben estar caracterizadas por gritos descontrolados.

12. Sea breve.

Por favor no se alargue cuando participa en la oración en grupo, por atención a los demás. Al ser breve usted permite que también otras personas puedan participar levantando sus peticiones en voz alta.

La oración en grupo no puede ni debe reemplazar la oración en privado que cada creyente debe experimentar; y donde se puede alargar todo el tiempo necesario de acuerdo a la guía del Espíritu Santo."

Recuerde además que, la efectividad de nuestras oraciones no depende de lo ceremonioso y larga que estas sean.

Rom 12:10-12

LA INFALIBILIDAD Y AUTORIDAD DE LA BIBLIA

La Biblia es la Palabra de Dios, inerrante, inspirada y eterna. La Biblia fue escrita por hombres inspirados por el Espíritu Santo; es perfecta, sin error en sus textos originales.

El salmista escribió: *"La ley del SEÑOR es perfecta, que restaura el alma; el testimonio del SEÑOR es seguro, que hace sabio al sencillo."* (Sal 19:7) Esto significa que no hay error, imperfección o falta de substancia en la Palabra de Dios, sino que es completa.

Sal 119:160 *"La suma de tu palabra es verdad, y cada una de tus justas ordenanzas es eterna."* ¡La única manera en que la suma de la Palabra puede ser verdad es que cada palabra sea verdad!

Pedro escribió en 2 Ped 1:20–21 *"Pero ante todo sabed esto, que ninguna profecía de la Escritura es asunto de interpretación personal, pues ninguna profecía fue dada*[14] *jamás por un acto de voluntad humana, sino que hombres inspirados por el Espíritu Santo hablaron de parte de Dios"* Ciertos hombres escogidos por Dios fueron sus instrumentos, y todas y cada una de las Escrituras fueron inspiradas por Dios. Por lo tanto, no hay lugar para las interpretaciones caprichosas de los hombres. De hecho, el autor, el Espíritu Santo, tenía un propósito y significado claros en mente, detrás de cada escritura.

Pablo le escribió a Timoteo en 2 Tim 3:16–17 *"Toda Escritura es inspirada por Dios y útil para enseñar, para reprender, para corregir, para instruir en justicia, a fin de que el hombre de Dios sea perfecto , equipado para toda buena obra"* Una vez más se dice que toda la Escritura es inspirada por Dios. Los hombres no pueden elegir y escoger lo que quieren como si estuvieran en un restaurante. Toda la Escritura es verdad, por eso necesitamos estudiar todo el consejo de la Palabra de Dios. Así como nuestros cuerpos necesitan todas las vitaminas para estar saludables, nuestro espíritu necesita todo el consejo de la Palabra de Dios.

La Trinidad

Aunque la palabra "Trinidad" no aparece en las Escrituras, su enseñanza y doctrina es clara en la Biblia.

Las Escrituras nos dicen que Dios es uno. Hay un solo Dios verdadero en tres personas: El Padre, El Hijo y El Espíritu Santo. Tres personas, pero un solo Dios. Cada Persona de la Trinidad tiene los atributos de Dios.

Nuestras mentes no pueden comprender la Trinidad, pero podemos y debemos creerla porque está revelada en las Escrituras. Los Testigos de Jehová cometen un error fundamental al rechazar esta doctrina porque no la comprenden. Dios es más grande que nosotros. Y es lógico que muchos aspectos de un Dios infinito sean difíciles e incluso imposibles de comprender en toda su plenitud por hombres limitados y finitos. Aquí es donde desempeña una función importante la humildad: Debemos ser humildes y aceptar la revelación de Dios aun cuando nuestras mentes no puedan comprenderla.

El concepto de Trinidad se encuentra en las Escrituras desde el principio, donde leemos que Dios (Elohim) creó el cielo y la tierra. La palabra Elohim es la forma plural de Dios. En Gen 1:26 leemos que: "*Y dijo Dios* (Elohim)*: Hagamos al hombre a nuestra imagen, conforme a nuestra semejanza.*" Aquí vemos a Dios hablando, el Sujeto (el Interlocutor) hace referencia a varias personas (hagamos) presentes y autoras de la Creación: Por supuesto, el Padre, el Hijo y el Espíritu Santo. Sabemos que Dios el Padre es el autor de la Creación. También sabemos que el Espíritu se movía sobre la faz de las aguas durante la semana de la creación. Y Juan el apóstol nos declara: "*Todas las cosas fueron hechas por medio de El (Jesús), y sin El nada de lo que ha sido hecho*" (Jn 1:3).

Existen muchos versículos de la Biblia que apuntan a la deidad del Padre, la deidad del Hijo y la deidad del Espíritu Santo. Y hay muchos versículos que expresan que existe solo un Dios verdadero. Por lo tanto, tres Personas, pero un solo Dios.

La Trinidad es una doctrina muy importante y fundamental, rechazada por las sectas religiosas. Jesús comisionó a sus discípulos a ir por todo el mundo y hacer *"discípulos de todas las naciones, bautizándolos en el nombre del Padre y del Hijo y del Espíritu Santo,"* (Mat 28:19). Vemos aquí la Trinidad, así como en el bautismo de Jesús, donde el Padre declaraba su aprobación de Jesús mientras el Espíritu descendía sobre Él (Mat 3:16–17).

Deidad de Jesús

Jesús existe desde la eternidad pasada, siendo Dios, como claramente lo revela la Escritura. El apóstol amado dice en su evangelio *"En el principio existía el Verbo, y el Verbo estaba con Dios, y el Verbo era Dios."* (Jn 1:1). Si Jesús es Dios, como la Biblia lo declara, y si hay un solo Dios verdadero, como lo enseña la Biblia, entonces Jesús es el verdadero Dios, y no "un dios", uno de tantos, como enseñan los Testigos de Jehová. Note el artículo "un" usado, y la palabra "dios" escrita con letras minúsculas en la biblia de los autollamados Testigos de Jehová.

Cuando Jesús dice: *"No se turbe vuestro corazón; creed en Dios, creed también en mí."* en Jn 14:1, se está haciendo Él mismo igual a Dios. Nadie en su sano juicio haría tal declaración (*creed en Dios, creed también en mí)* excepto Dios. Los enemigos de Jesús lo acusaron de hacerse igual a Dios (Jn 5:18).

Fil 2:5–6 declara que Jesús es igual a Dios: *"Haya, pues, en vosotros esta actitud que hubo también en Cristo Jesús, el cual, aunque existía en forma de Dios, no consideró* ***el ser igual a Dios*** *como algo a qué aferrarse"* Una vez más, solo Dios puede ser igual a Dios.

Miqueas declaró: *"Pero tú, Belén Efrata, aunque eres pequeña entre las familias de Judá, de ti me saldrá el que ha de ser gobernante en Israel. Y sus orígenes son desde tiempos antiguos, desde los días de la eternidad."* Miq 5:2

NACIMIENTO VIRGINAL DE JESUCRISTO

Jesús tomó forma de hombre (Fil 2:5–8, Jn 1:1,14) al nacer de una mujer, una virgen.

El profeta Isaías declaró: *"Por tanto, el Señor mismo os dará una señal: He aquí, una virgen concebirá y dará a luz un hijo, y le pondrá por nombre Emmanuel"* (Isa 7:14). La palabra usada en el texto hebreo para virgen se refiere a una joven doncella que no ha conocido varón. Mateo escribió que esta profecía se cumplió en Cristo (Mat 1:23).

Jesús nació de una mujer por el poder del Espíritu Santo, no por la fecundación de un hombre. *"Respondiendo el ángel, le dijo: El Espíritu Santo vendrá sobre ti, y el poder del Altísimo te cubrirá con su sombra; por eso el santo Niño que nacerá será llamado Hijo de Dios."* Lucas 1:35

José era el padrastro de Jesús, no su padre biológico, de otra manera Jesús hubiera heredado nuestra naturaleza pecaminosa: Eso lo hubiera descalificado para ser nuestro Redentor. Además, si Jesús fuera el hijo natural de José, eso lo haría un hombre mortal como cualquier otro, sin naturaleza divina, contradiciendo las Escrituras que enseñan claramente que Jesús también era Dios.

JESUCRISTO: UNA VIDA SIN PECADO

La vida de Jesús fue perfecta, sin pecado. Es por eso que Dios lo levantó de la muerte y lo recibió en el cielo. El Padre estaba mostrando el estándar requerido para entrar al cielo: la perfección de Jesús (Jn 16:10). Esa justicia es imputada a todos los que venimos a Jesús por la fe.

La justicia (rectitud) de Jesús se muestra en muchos lugares de la Escritura. Por ejemplo, el Padre declaró con voz audible Su aprobación y justicia de Jesús durante Su bautismo y durante la Transfiguración. En el libro de Hebreos leemos que: *"Porque no tenemos un sumo sacerdote que no pueda compadecerse de nuestras flaquezas, sino uno que ha sido tentado en todo como nosotros, pero sin pecado"* Heb 4:15.

El Antiguo Testamento demandaba que los corderos ofrecidos en sacrificio fueran perfectos, sin mancha. Eran un símbolo que representaba el único y verdadero sacrificio que podría quitar los pecados del mundo. Ese sacrificio tenía que ser perfecto, Él era *"el Cordero de Dios, que quita el pecado del mundo"* como lo declaró Juan el Bautista. *"Al día siguiente vio a Jesús que venía hacia él, y dijo: He ahí el Cordero de Dios que quita el pecado del mundo."* (Jn 1:29).

Juan el apóstol hace referencia al Hijo de Dios como *"Jesucristo, el justo"* 1 Jn 2:1. Si Jesús no hubiera sido justo, si no hubiera sido sin pecado, nosotros todavía estaríamos perdidos en nuestros pecados, condenados al infierno, sin esperanza de salvación.

Los Milagros de Jesucristo

Los milagros de Jesús son una demostración de Su poder divino sobre el reino natural y espiritual. Él mostró poder para sanar en diferentes ocasiones, incluso a la distancia. Mostró poder al caminar sobre el agua, al calmar la tempestad, al aquietar el viento. Incluso mostró poderes creativos en diversos momentos que incluyen la alimentación de los 5,000, y la alimentación de los 4,000. También cuando convirtió el agua en vino en Caná; y cuando levantó a Lázaro de la muerte. En muchas ocasiones también mostró poder sobre los espíritus malignos, echándolos fuera.

Los milagros de Jesús son un testimonio de que es el Hijo de Dios, el Mesías, enviado por el Padre: *"Jesús les respondió: Os lo he dicho, y no creéis; las obras que yo hago en el nombre de mi Padre, éstas dan testimonio de mí."* (Jn 10:25)

Muchas personas tratan de explicar con explicaciones naturales los milagros sobrenaturales de Jesús. Ésa es una mala posición doctrinal. Están en un error, y al hacerlo muestran que no comprenden *"las Escrituras y el poder de Dios."* (Mat 22:29).

MUERTE DE JESUCRISTO: SACRIFICIO EXPIATORIO

Dios es amor, pero también es justo y recto. Por lo tanto, nuestros pecados no pueden ser ignorados, Dios tiene que tratar con ellos: Dios envió a Su propio Hijo para pagar por los pecados del mundo (Jn 3:16).

Juan escribió de este sacrificio expiatorio de Jesús: "*Hijitos míos, os escribo estas cosas para que no pequéis. Y si alguno peca, Abogado tenemos para con el Padre, a Jesucristo el justo. El mismo es la propiciación por nuestros pecados, y no solo por los nuestros, sino también por los del mundo entero.*" (1 Jn 2:1–2).

La muerte de Cristo en el Calvario no solo cubre, sino que provee un pago completo por todas nuestras transgresiones. Él tomó nuestro lugar en el Calvario. Jesús se hizo pecado por nosotros, Dios le dio la espalda mientras Él colgaba de la cruz recibiendo el castigo que nosotros merecíamos.

Jesús lo pagó todo. Estas fueron sus últimas palabras cuando colgaba de la cruz: "Tetelestai", esta palabra significa "¡La deuda ha sido completamente pagada!".

Heb 9:24–28 "*Porque Cristo... habiendo sido ofrecido una vez para llevar los pecados de muchos, aparecerá por segunda vez, sin relación con el pecado, para salvación de los que ansiosamente le esperan.*"

Heb 10:10–14 "*Por esta voluntad hemos sido santificados mediante la ofrenda del cuerpo de Jesucristo ofrecida de una vez para siempre... habiendo ofrecido un solo sacrificio por los pecados para siempre, se sentó a la diestra de Dios... Porque por una ofrenda Él ha hecho perfectos para siempre a los que son santificados.*"

RESURRECCIÓN Y ASCENSIÓN CORPORAL DE JESUCRISTO

La tumba de Jesús está vacía. Dios no escondió el cuerpo de Jesús, sino que lo levantó de los muertos. Jesús dio muchas pruebas de que tenía un cuerpo resucitado. Sí, era un cuerpo transformado, no obstante, llevaba las marcas de los clavos y de la lanza que lo había atravesado.

Jn 20:27 *Luego dijo a Tomás: Acerca aquí tu dedo, y mira mis manos; extiende aquí tu mano y métela en mi costado; y no seas incrédulo, sino creyente."*

La resurrección de Jesús no es una invención del Nuevo Testamento, fue profetizada por David: *"Por tanto, mi corazón se alegra y mi alma se regocija; también mi carne morará segura, pues tú no abandonarás mi alma en el Seol, ni permitirás a tu Santo ver corrupción"* Sal 16: 9–10. De hecho, es una doctrina clave del cristianismo. Si Jesús no hubiera resucitado aún estaríamos en nuestros pecados. (1 Co 15:12–17).

Las Escrituras enseñan la ascensión corporal de Jesús. En Hech 1:11 los ángeles les dijeron a los discípulos, mientras ellos miraban el cielo durante la ascensión de Jesús: *"Varones galileos, ¿por qué estáis mirando al cielo? Este mismo Jesús, que ha sido tomado de vosotros al cielo, vendrá de la misma manera, tal como le habéis visto ir al cielo."*

La ascensión corporal de Jesús es una enseñanza clave de nuestra fe. A través de la ascensión de Jesús al cielo (al ser Jesús recibido en el cielo) Dios estaba declarando la justicia que se requería para entrar al cielo (Jn 16:10). Dios estaba aprobando y declarando la justicia de Jesús. Si Él no hubiera sido justo, Su sacrificio habría sido en vano.

Regreso Personal de Cristo en la Carne

El regreso personal de Cristo en la carne fue profetizado por Zacarías, quien declaró: Zac 12:10 *"Y derramaré sobre la casa de David y sobre los habitantes de Jerusalén, el Espíritu de gracia y de súplica, y me mirarán a mí, a quien han traspasado. Y se lamentarán por El, como quien se lamenta por un hijo único, y llorarán por El, como se llora por un primogénito. "*

Dios prometió al pueblo de Israel un reino justo sin final, gobernado por la simiente de David. Jesús, la Simiente de David según la carne, regresará, establecerá y guiará este reino, un reino eterno.

En las palabras del profeta Isaías: Isa 9:6–7 *"Porque un niño nos ha nacido, un hijo nos ha sido dado, y la soberanía reposará sobre sus hombros; y se llamará su nombre Admirable Consejero, Dios Poderoso, Padre Eterno, Príncipe de Paz. El aumento de su soberanía y de la paz no tendrán fin sobre el trono de David y sobre su reino, para afianzarlo y sostenerlo con el derecho y la justicia desde entonces y para siempre. El celo del SEÑOR de los ejércitos hará esto."*

2 Sam 7:11–12,16–17 *"...el SEÑOR también te hace saber que el SEÑOR te edificará una casa. Cuando tus días se cumplan y reposes con tus padres, levantaré a tu descendiente después de ti, el cual saldrá de tus entrañas, y estableceré su reino... Tu casa y tu reino permanecerán para siempre delante de mí ; tu trono será establecido para siempre. Conforme a todas estas palabras y conforme a toda esta visión, así habló Natán a David."*

Los ángeles declararon durante la ascensión de Jesús: *"Varones galileos, ¿por qué estáis mirando al cielo? Este mismo Jesús, que ha sido tomado de vosotros al cielo, vendrá de la misma manera, tal como le habéis visto ir al cielo."* Hech 1:11

En Apoc 19 leemos de la Segunda venida de Cristo para gobernar el mundo en un reino que durará mil años (Milenio), para ser seguido luego por el reino eterno.

La segunda venida de Jesús será visible, regresará en la carne para establecer el reino de Dios. Él reinará pues: "*Y en su manto y en su muslo tiene un nombre escrito: Rey de reyes y Señor de señores.*" Apoc 19:16.

La Persona, Obra y Bautismo del Espíritu Santo

El Espíritu Santo es la tercera persona de la Trinidad. En la historia de Ananías y Safira en el Nuevo Testamento, quienes vendieron una propiedad y trajeron solo una parte del dinero de la venta a los pies de los apóstoles, Pedro le dijo a Ananías: *"Mas Pedro dijo: Ananías, ¿por qué ha llenado Satanás tu corazón para mentir al Espíritu Santo, y quedarte con parte del precio del terreno?... ¿Por qué concebiste*[3] *este asunto en tu corazón? No has mentido a los hombres sino a Dios."* Hech 5:3–4.

Mentirle al Espíritu Santo es equivalente a mentirle a Dios. Existen muchos otros pasajes que apuntan a la deidad del Espíritu Santo.

Otra herejía sobre el Espíritu Santo es considerarlo una fuerza y no una persona. El concepto de los Testigos de Jehová es que el Espíritu Santo es una fuerza, ellos están en un ¡grave error! El Espíritu Santo es una persona porque ama, se entristece, guía, enseña, escucha, habla. Estos atributos no pertenecen a una fuerza impersonal sino a una persona.

Una fuerza necesita ser guiada, no guía. El combustible en mi carro provee energía para moverlo, el motor energizado le da movimiento al carro, pero no puede guiar mi carro. Mi carro necesita un chofer que lo dirija. El Espíritu Santo no necesita alguien que lo guíe, Él nos guía.

Jn 16:13 *"Pero cuando El, el Espíritu de verdad, venga, os guiará a toda la verdad, porque no hablará por su propia cuenta, sino que hablará todo lo que oiga, y os hará saber lo que habrá de venir."*

Jesús dijo que era necesario enviar al Espíritu Santo al mundo: *"Y cuando él venga, convencerá al mundo de pecado, de justicia y de juicio."* Jn 16:8

El Espíritu Santo convence al hombre de pecado. Esto es muy importante porque a menos que veamos nuestro pecado, no vemos nuestra necesidad de Dios, y no le buscamos.

La luz y la convicción del Espíritu Santo nos conduce a Jesús: ¡Nadie buscará salvarse a menos que se dé cuenta de que está perdido!

El Espíritu Santo nos hace comprender que Dios es un Dios santo y justo. Y que la justicia aceptable a Dios es la de Jesús, nada menos. Necesitamos que el Espíritu Santo alumbre nuestras mentes y corazones para entender esta verdad: La justicia de Jesús es el estándar, nada menos.

El Espíritu Santo habla a nuestros corazones sobre el futuro juicio de este mundo, y nos conduce al único Refugio, Jesucristo, la Roca Sólida.

El Espíritu Santo es el Consolador, el Paracletos (Jn 14:16) Aquel que viene a nuestro lado, para ayudarnos en nuestro viaje, para recordarnos las cosas y las palabras de Dios que necesitamos hablar (Mar 13:11).

La obra del Espíritu Santo es conformarnos a la imagen de Cristo. Nosotros no podemos, por nuestros propios esfuerzos, convertirnos en lo que debemos ser. Esa es la obra de Dios: Solo Él puede hacerlo, en la medida en que nos disponemos para que lo haga. 2 Co 3:18 *"Pero nosotros todos, con el rostro descubierto, contemplando como en un espejo la gloria del Señor, estamos siendo transformados en la misma imagen de gloria en gloria, como por el Señor, el Espíritu."*

El ministerio del Espíritu Santo es esencial para que el cristiano lleve a cabo el llamado de Dios en su vida. El ministerio del Espíritu Santo es vital para que el cristiano sea un testigo eficaz para Jesús. En Hech 1:8 Jesús dijo: *"pero recibiréis poder cuando el Espíritu Santo venga sobre vosotros; y me seréis testigos en Jerusalén, en toda Judea y Samaria, y hasta los confines de la tierra."*

La Biblia nos enseña que cuando somos salvos, cuando recibimos a Jesús, nacemos de nuevo, nacemos del Espíritu y somos sellados por Él (Jn 3:5–6, Jn 1:12–13, 2 Co 1:22, Ef 1:13, Ef 4:30). En el momento de la salvación cada creyente recibe la presencia interior del Espíritu Santo. El Espíritu en él, "*¿O no sabéis que vuestro cuerpo es templo del Espíritu Santo, que está en vosotros, el cual tenéis de Dios, y que no sois vuestros?*" 1 Co 6:19.

Pero también necesitamos ser bautizados, embestidos, por el Espíritu Santo. Necesitamos el derramamiento del Espíritu Santo sobre nosotros. Esto puede suceder en el mismo momento de la salvación, pero en muchos casos es una experiencia que sucede después.

En la historia de Cornelio, leemos que los gentiles recibieron el bautismo del Espíritu Santo en el momento en que recibieron, creyeron, el mensaje de salvación. La evidencia del derramamiento del Espíritu Santo fue clara, por lo que Pedro dijo: *"¿Puede acaso alguien negar el agua para que sean bautizados éstos que han recibido el Espíritu Santo lo mismo que nosotros?"* Hech 10:47.

Ahora la experiencia de Cornelio no fue solo de que el Espíritu Santo vino a morar en él. Sí, el Espíritu Santo vino a habitar dentro de ellos, pero ellos también experimentaron el derramamiento del Espíritu Santo sobre ellos. Hech 10:44–46 *"Mientras Pedro aún hablaba estas palabras, el Espíritu Santo cayó sobre todos los que escuchaban el mensaje. Y todos los creyentes que eran de la circuncisión, que habían venido con*

Pedro, se quedaron asombrados, porque el don del Espíritu Santo había sido derramado también sobre los gentiles…. "

Cuando Jesús se apareció a Sus discípulos después de la resurrección, antes de la ascensión, Él sopló sobre ellos y dijo: *"Recibid el Espíritu Santo"* (Jn 20:22). Antes de ese momento el Espíritu estaba con ellos (Jn 14:7), ahora, ya que Jesús sopló sobre ellos, el Espíritu Santo estaba en ellos.

Ellos recibieron al Espíritu Santo en ellos cuando Jesús sopló sobre ellos. Pero no fueron bautizados por el Espíritu Santo en ese momento. Esto sucedió hasta Pentecostés, cuando el Espíritu Santo vino sobre ellos.

Leemos la historia de algunos creyentes en Éfeso. Pablo notó que a estos discípulos les faltaba algo, les faltaba el poder y el gozo del Espíritu Santo. Estos discípulos experimentaron el bautismo del Espíritu Santo después que Pablo puso sus manos y oró por ellos (Hech 19:1–7).

Es importante reconocer que este bautismo del Espíritu Santo se recibe por fe, no por las obras de la carne. Ver Gal 3:2. También Luc 11:13 donde Jesús dijo: *"Pues si vosotros, siendo malos, sabéis dar buenas dádivas a vuestros hijos, ¿cuánto más vuestro Padre celestial dará el Espíritu Santo a los que se lo pidan?"*

Este bautismo del Espíritu Santo es necesario para que podamos vivir la vida que Dios quiere que vivamos. Un cristiano sin el Espíritu Santo experimentará una vida sin sabor. Será débil, sin poder para testificar y servir a Jesús. Hech 1:8.

Aunque el Espíritu Santo se recibe por fe, también debemos entender que, para que nuestras vidas sean canales por los que fluya el Espíritu Santo, necesitamos buscar caminar en obediencia a Su voz. Si contristamos al Espíritu Santo limitamos Su obra en nosotros y a través de nosotros.

El pastor Chuck Smith de California, EEUU solía expresar que no debemos ser vasijas sino canales del Espíritu Santo. La simbología aquí es que la vasija está limitada por su capacidad, pero el canal permite que el río fluya a través de él, en este caso el río del Espíritu Santo. Como Jesús dijo: *"El que cree en mí, como ha dicho la Escritura: De lo más profundo de su ser brotarán ríos de agua viva."* Jn 7:38

El Espíritu Santo está en el cristiano, y es derramado sobre el creyente haciéndolo un creyente lleno del poder del Espíritu. El derramamiento, bautismo del Espíritu Santo, es vital en el creyente para ser efectivo.

Hoy, más que nunca necesitamos el poder y los dones del Espíritu Santo si queremos ser efectivos para Dios. En 2 Co 2:14–17 leemos: *"Pero gracias a Dios, que en Cristo siempre nos lleva en triunfo, y que por medio de nosotros manifiesta en todo lugar la fragancia de su conocimiento. Porque fragante aroma de Cristo somos para Dios entre los que se salvan y entre los que se pierden; para unos, olor de muerte para muerte, y para otros, olor de vida para vida. Y para estas cosas ¿quién está capacitado?..."* (Ver Gal 2:20)

Eso es correcto: No somos suficientes, porque necesitamos al Espíritu Santo. Él es capaz de hacernos la fragancia, ¡Él es capaz de esparcir a través de nosotros la fragancia de Cristo!

Me gustaría añadir que el Espíritu Santo está en el cristiano, y derramado sobre el creyente lleno del Espíritu. Pero el Espíritu Santo también está en el mundo, fuera del pecador, hablándole desde afuera, atrayéndolo a Jesús. El hombre no puede convencer a nadie de pecado. Ésa es la obra del Espíritu Santo, ése es Su ministerio en el mundo, convencer al mundo de pecado. Ni tú ni yo podemos convertir a nadie, ¡solo el Espíritu Santo puede hacer eso! Ése es Su ministerio en el mundo.

<u>Los Dones del Espíritu Santo</u>

Los dones del Espíritu Santo: ¿Están ellos en operación en nuestro tiempo? ¿Cómo deben ser ejercitados?

Leer Jn 14:15–17; Hech 1.8; Luc 11:11–13; Hech 19:7.

El Espíritu derrama dones espirituales (Ef 1:13–14; Ef 4:7; 1 Co 12:7, 1 Co 12:1–13) sobre los creyentes, dones necesarios para la edificación de Su iglesia. Si los dones del Espíritu fueron necesarios en la iglesia primitiva, cuánto más son necesarios hoy en un tiempo de tanta oscuridad, confusión y oposición a la ley de Dios y a Su Hijo (Sal 2:1–12).

Todos los dones que estaban en operación en la iglesia primitiva están disponibles para nosotros hoy, según la distribución soberana del Espíritu Santo entre los creyentes. Y, la Biblia nos enseña a procurar con deseo los dones espirituales (1 Co 12:31; 1 Co 14:1–4,12). Pero, ellos son para la edificación del Cuerpo de Cristo, no para que nos hagamos orgullosos y arrogantes, alardeando de los dones que hemos recibido.

Bien lo expresa Pablo en 1 Co 4:7 *"Porque ¿quién te distingue? ¿Qué tienes que no recibiste? <u>Y si lo recibiste, ¿por qué te jactas como si no lo hubieras recibido?</u>"*

Algunas iglesias enseñan que el don de lenguas es el don más importante o la manifestación visible de que una persona ha sido bautizada con el Espíritu Santo. Sin embargo, la Biblia no enseña esto. De hecho, Pablo en 1 Co 12:27–31 hace la pregunta retórica: *"¿hablan todos lenguas?"* La respuesta es clara: "No, no todos los creyentes bautizados con el Espíritu hablan en lenguas". De hecho, el don de lenguas no es el más importante, el mayor don es el de profecía (1 Co 14:1–4). El que habla en lenguas se edifica a sí mismo, pero el que profetiza edifica la iglesia.

El ejercicio adecuado de los dones es muy importante. He estado en lugares donde muchas personas hablan en lenguas al mismo tiempo durante el servicio público: No se escucha ninguna palabra inteligible, solo una gran confusión. Conozco de personas que se han sentido atemorizados de la fe cristiana por causa de este desorden no bíblico. Pablo enseña en contra de esto. En primer lugar, dice que si no hay quien interprete, entonces el que habla en lenguas (en la iglesia) debe detenerse. En segundo lugar, indica que todo debe hacerse con orden (1 Co 14:26–33, 39–40).

Esto no significa que debemos prohibir el hablar en lenguas, pero debe hacerse de una manera espiritual, en orden. En privado usted puede hablar en lenguas todo lo que usted quiera, aun si no hay intérprete, porque su espíritu se beneficiará. Pero en la asamblea de los creyentes esto puede ser una distracción, y obstaculizar la edificación de la iglesia si no se hace según los principios bíblicos.

En algunos lugares el predicador está enseñando la Palabra de Dios o dando un mensaje inspirado, y entonces alguien lo interrumpe con un mensaje en lenguas o una "profecía". Esto no tiene sentido. Si Dios ha ungido una persona para que enseñe la Palabra de Dios a una congregación, Él no va a llamar a otro para que interrumpa lo que esa persona está enseñando. Dios es Dios de orden, no de confusión y contradicción.

Finalmente, todas las cosas deben ser motivadas por el amor, porque ésa es la máxima expresión de la presencia, y fruto (Gal 5:22) del Espíritu Santo en su vida. Como Pablo escribió en 1 Co 12:31–13:13 *"Mas desead ardientemente los mejores dones. Y aun yo os muestro un camino más excelente... Y ahora permanecen la fe, la esperanza y el amor, estos tres; pero el mayor de ellos es el amor."*

Jn 13:34–35 *"Un mandamiento nuevo os doy: que os améis los unos a los otros; que como yo os he amado, así también os améis los unos a los otros. <u>En esto conocerán todos que sois mis discípulos, si os tenéis amor los unos a los otros</u>."*

El Bautismo en Agua

Jesús dejó dos ordenanzas para Su iglesia: La cena del Señor y el bautismo en agua. El bautismo en agua es un mandamiento del Señor para Sus discípulos (Mat 28:19–20). Y hay un requerimiento para el bautismo, creer en Jesús.

Cuando Felipe conoció al etíope, le compartió el Evangelio de Jesús, y *"Yendo por el camino, llegaron a un lugar donde había agua; y el eunuco dijo: Mira, agua. ¿Qué impide que yo sea bautizado? Y Felipe dijo: Si crees con todo tu corazón, puedes. Respondió él y dijo: Creo que Jesucristo es el Hijo de Dios.."* Hech 8:36–37. Un bebé no puede profesar esta creencia. El bautismo es para la persona capaz de entender y recibir el Evangelio de Jesús.

Las Escrituras enseñan que el bautismo no salva, pues de lo contrario para nuestra salvación no bastaría nuestra fe en Jesús: Sería fe en Jesús mas obras.

La salvación es un regalo gratuito de Dios, que no se puede merecer ni ganar por obras (Ef 2:8–9). Cualquier cosa que quiera añadir a la gracia de Dios, a la que tenemos acceso por fe en Jesús, y gracias a Su sacrificio, niega el poder de la cruz.

Pedro claramente establece en 1 Ped 3:21 que lo que abre nuestros corazones a la salvación es una buena consciencia hacia Dios, no el rito del bautismo: *"Y correspondiendo a esto, el bautismo ahora os salva (no quitando la suciedad de la carne, sino como una petición a Dios de una buena conciencia) mediante la resurrección de Jesucristo"*.

El significado del bautismo es enseñado en las Escrituras. La palabra griega significa sumergirse, y era usada en referencia a telas que se sumergían en el proceso de teñido. Creemos y practicamos, pues, el bautismo por inmersión, especialmente a la luz del simbolismo y significado de este rito: Cuando somos sumergidos en agua estamos proclamando nuestra decisión de morir con Cristo, identificarnos con Jesús que llevó los pecados del mundo en la cruz. Significa morir al mundo de pecado, crucificar y enterrar nuestro "yo" pecador.

Cuando salimos del agua, estamos mostrando que, así como morimos a la pasada manera de vivir, ahora nos levantamos a una nueva vida en Cristo. También muestra que, así como Dios levantó de los muertos a Jesús, también levantará nuestros cuerpos mortales, si morimos con Cristo (Rom 6:3-7, Col 2:11-12).

LA SANTA CENA

La Cena del Señor es otra ordenanza dada a la iglesia, que debe observarse como recordatorio de la muerte de Cristo por nuestros pecados. (1Co 12:23–25). Es una proclamación de que Jesús, el Pan de Vida (Jn 6:48–51), dio Su cuerpo en la cruz como sacrificio aceptable, para pagar por nuestros pecados.

Uno de los elementos de la Cena del Señor es el pan sin levadura. La levadura hincha, un símbolo de pecado y orgullo. Jesús es representado por el pan sin levadura, el sacrificio perfecto, el sacrificio inmaculado, el siervo humilde, sin pecado, obediente al Padre hasta la muerte. El partimiento del pan nos recuerda el quebrantamiento de Jesús en el Calvario.

La copa representa la sangre de Jesús derramada por nuestros pecados. Representa el nuevo pacto entre el hombre y Dios. En este pacto Jesús derramó Su sangre para salvarnos de nuestros pecados. Al ser participantes de este pacto declaramos las dos partes de este pacto: La parte de Dios: el derramamiento de la sangre de Jesús por nosotros. Y, la parte del hombre: nuestra aceptación del sacrificio de Jesús por nuestros pecados, nuestra aceptación de Su señorío en nuestras vidas.

Lucas 22:19–20 *"Y habiendo tomado pan, después de haber dado gracias, lo partió, y les dio, diciendo: Esto es mi cuerpo que por vosotros es dado; haced esto en memoria de mí. De la misma manera tomó la copa después de haber cenado, diciendo: Esta copa es el nuevo pacto en mi sangre, que es derramada por vosotros."*

Practicamos la Cena del Señor abierta para todos los creyentes. No tienen que ser miembros de una iglesia local específica para participar de la Cena del Señor, pero sí deben ser creyentes nacidos de nuevo. También deben reconocer el Cuerpo y la Sangre de Jesús. En otras palabras, la Cena del Señor tiene que practicarse con reverencia, con entendimiento de que no es una cuestión meramente de comida y bebida, sino un recordatorio santo.

Contrario a lo que la Iglesia Católica enseña, no creemos en la transubstanciación. La Iglesia Católica enseña que el pan literalmente se convierte en el cuerpo físico de Cristo, y que el vino se convierte en la sangre real de Jesús cuando el sacerdote católico los bendice. La Biblia no apoya esta interpretación Católica Romana.

En primer lugar, Jesús enseña que: *"El Espíritu es el que da vida; la carne para nada aprovecha; las palabras que yo os he hablado son espíritu y son vida."* Jn 6:63. Si el pan se transformara en la carne real de Jesús, entonces sabría a carne, sin embargo, sabe a pan. Sabe a pan porque… ¡es pan! Es un símbolo.

Lo mismo con la copa. Si el vino, o jugo de uva, se transformara en sangre, entonces sabría a sangre, ¡pero no es así!

La Biblia enseña que Cristo fue crucificado una vez para siempre. Él no necesita ser crucificado una y otra vez. *"Por esta voluntad*[5] *hemos sido santificados mediante la ofrenda del cuerpo de Jesucristo ofrecida de una vez para siempre. Y ciertamente todo sacerdote está de pie, día tras día, ministrando y ofreciendo muchas veces los mismos sacrificios, que nunca pueden quitar los pecados; pero El, habiendo ofrecido un solo sacrificio por los pecados para siempre, se sentó a la diestra de Dios"* Heb 10:10–12.

La Biblia no legisla, no ordena, una frecuencia determinada con la que debamos observar la Cena del Señor. Algunas congregaciones la observan una vez al mes, otras cada semana.

Naturaleza y Propósito de la Iglesia

La enseñanza católica romana es que el Papa es el representante máximo de Jesús en la tierra, lo cual es ¡una doctrina errónea! El representante de Jesucristo en la tierra es la iglesia viviente, Su cuerpo.

La Iglesia no es un edificio físico, ni una denominación religiosa exclusiva. La iglesia de Jesucristo es el Cuerpo de Cristo en la tierra (1 Co 12; 12–27), un organismo vivo conformado por todos los creyentes de todo el mundo, los hijos de Dios que han sido salvos por gracia, comprados por la sangre de Jesús, hombres y mujeres salvos por la fe en Jesús.

La Iglesia viviente es el Cuerpo de Cristo, somos las manos, los labios y los pies de Jesús para alcanzar y amar al mundo (2 Co 2:14), para llevar luz donde abunda la confusión, para llevar palabras de esperanza y consuelo, palabras de vida eterna.

Jesús es la Cabeza de la Iglesia (Ef 5:23). Jesús, el Hijo de Dios también es la Piedra Angular, el fundamento de la Iglesia (1 Pe 2:6–8, Mat 16:18). Cada creyente es una piedra viva, edificada en una casa espiritual, la Iglesia de Jesucristo, para adorar y servir a Dios a través de Jesucristo, para ofrecer nuestras vidas como sacrificios vivos, para amar a nuestros hermanos, mostrar bondad y declarar el Evangelio de Jesús a un mundo perdido para que también puedan llegar al conocimiento salvador de Jesús.

1 Ped 2:9 *"Pero vosotros sois linaje escogido, real sacerdocio, nación santa, pueblo adquirido para posesión de Dios, a fin de que anunciéis las virtudes de aquel que os llamó de las tinieblas a su luz admirable; pues vosotros en otro tiempo no erais pueblo, pero ahora sois el pueblo de Dios; no habíais recibido misericordia, pero ahora habéis recibido misericordia."*

Nunca debemos olvidar que Jesús es quien edifica Su Iglesia. *"Yo también te digo que tú eres Pedro, y sobre esta roca edificaré mi iglesia; y las puertas del Hades no prevalecerán contra ella."* Mat 16:18

Contrario a la enseñanza de la Iglesia Católica, la iglesia no se edifica sobre Pedro. Se edifica sobre la revelación declarada por Pedro, que Jesús es el Hijo del Dios Viviente. Jesús nunca edificaría Su iglesia sobre el fundamento de un hombre frágil y pecador. El fundamento de la Iglesia es Jesús.

La misión de la iglesia local tiene por objetivos: Adorar al Padre, Hijo y Espíritu Santo; glorificar a Jesucristo; edificar la Iglesia de Jesucristo al enseñar y obedecer todo el consejo de la Palabra de Dios en el poder del Espíritu Santo; permaneciendo en su amor, y persuadiendo a los hombres y mujeres a arrepentirse, confesar y obedecer a Jesús como Señor y Salvador de sus vidas.

Los Tiempos Finales

En días del Antiguo Testamento Dios se revelaba al mundo a través de la nación de Israel. Israel fue el instrumento que Dios escogió para declarar Su Palabra y traer Su Hijo a este mundo. La nación debía ser un ejemplo al mundo de un pueblo cuyo Dios es Jehová, caminando en Su luz.

Cuando el Mesías vino, la nación lo rechazó. Este rechazo significó salvación para los gentiles como Pablo explicó. Pero Dios no ha terminado con Israel. Y, aunque fueron separados de la rama principal, serán injertados nuevamente en los tiempos finales. Ver Rom 11.

El profeta Daniel, profetizando sobre los tiempos finales, habla de 70 semanas de años (70 x 7 = 490 años) en Daniel 9, un período de tiempo que comienza con el edicto de la reconstrucción de Jerusalén, cubriendo el trato de Dios con su pueblo Israel.

Daniel profetizó que el Mesías entraría en Jerusalén después de las 69 semanas. Esta profecía se cumplió el Domingo de Ramos, el domingo anterior a la crucifixión de Jesús. También profetizó que el Mesías sería cortado de su pueblo, puesto a muerte y llevado al cielo. La semana setentava (70^{ava}) queda, pues, por cumplirse al final de la era actual, antes del reinado de mil años (Milenio) de Jesús en la tierra.

Esta semana setentava (70^{ava}) es el período de siete años conocido como la Tribulación, que vendrá sobre toda la tierra. Daniel expresó que el legislador (el Anticristo) que vendrá, hará un pacto con muchos, rompiéndolo a mitad del período de siete semanas (Dan 9:27), parando la ofrenda de sacrificios en el templo de Israel, trayendo gran destrucción y tribulación hasta que sea derrotado al final del período de siete años, de la Tribulación.

Esto significa que Israel edificará el Templo y restablecerá la ofrenda de sacrificios al final de los tiempos.

En estos momentos todo se está alineando para este acontecimiento. Israel ha sido capaz de obtener las novillas del tipo que requiere la ley para preparar el agua santa usada en los ritos de purificación.

Los utensilios y accesorios del templo están hechos. Los sacerdotes han sido entrenados para llevar a cabo los rituales judíos tan pronto como se edifique el templo.

La edificación del Templo de Jerusalén parece imposible ante el antagonismo feroz del mundo musulmán contra Israel y los judíos; y la existencia de la Mezquita en el lugar donde existió el Templo en Jerusalén. Sin embargo, se levantará un líder carismático, obteniendo paz en la región y permitirá que Israel construya su Templo de nuevo. En medio de esta coexistencia pacífica el Anticristo demandará ser adorado, profanando el Templo y lanzando una tremenda persecución contra el pueblo judío (Mt 24:15).

Dios protegerá a los judíos de forma sobrenatural (Apoc 12:14–17), pero muchos no lograrán escapar y serán destruidos.

¿Qué está deteniendo el comienzo del período de la Tribulación? El rapto de la Iglesia. La llegada del Anticristo al escenario público mundial, y el comienzo de los siete años de Tribulación, no pueden comenzar hasta que el Señor tome consigo a Su iglesia (2 Tes 2:7–12).

El período de Tribulación es un tiempo de gran aflicción, un tiempo en el que Dios derramará Su ira sobre la tierra. Sabemos que la Iglesia de Jesucristo ha sufrido y sufrirá persecución, pero nunca de parte de Dios. La persecución que los cristianos sufren ahora es permitida por Dios para testimonio, pero no es originada por Dios. La ira que se derramará durante la Tribulación será originada por Dios, será Su ira divina contra un mundo rebelde a Cristo.

La Iglesia debe ser llevada antes de la Tribulación porque no está destinada a experimentar la ira, el juicio venidero de Dios, tal como el Señor lo expresa a través de Pablo: *"Porque no nos ha destinado Dios para ira, sino para obtener salvación por medio de nuestro Señor Jesucristo,"* 1 Tes 5:9.

Pablo declara en 1 Tes 4:13–18 que el Señor descenderá del cielo para encontrarse con Su Iglesia en el aire (Este es el Rapto, no la Segunda Venida).

Las bodas del Cordero con Su Iglesia tendrá lugar al venir Jesús por Su amada, Su iglesia: Seremos llevados con Jesús al cielo durante siete años, así como el novio toma a su novia por siete días según la tradición judía. La Iglesia, la Novia de Cristo, celebrará en brazos de su amado, Jesús, en el cielo, mientras el mundo experimenta la ira de Dios por rechazar a Su Hijo.

No queda por cumplirse ninguna profecía antes del Rapto. Puede suceder en cualquier momento. Nadie sabe el día ni la hora, pero podemos conocer las estaciones y los tiempos. Israel ya está en su tierra, así como el Señor profetizó a través de Ezequiel que sucedería en los últimos días (Ez 37, 38:8). El tiempo ha llegado.

La Biblia habla de que vendrá una invasión a Israel, que sucederá al comienzo de los siete años del periodo de la Tribulación; la invasión será llevada a cabo por Rusia, junto con otras naciones, entre ellas a Irán (Persia), naciones que existen ahora, y que son antagonistas, enemigas de Israel. Esto es asombroso: ¿Cómo pudo Ezequiel conocer hace más de 2500 años que entre los enemigos de Israel estaría Irán? ¿Cómo pudo Israel regresar a su tierra casi 2000 años después de haber sido expulsada por Roma en el 70 d. C., cumpliendo la predicción de Ezequiel? ¡Dios tiene el control! Nada detendrá Su plan para cumplir Sus promesas a Israel. Y Dios sobrenaturalmente defenderá a Israel, mostrando su santidad a la vista de todas las naciones, glorificando Su Nombre (Ez 38, 39).

Jerusalén se ha vuelto un punto central en los acontecimientos mundiales, y se convertirá en la copa de la ira de Dios que hará temblar a las naciones al destruirlas cuando vengan contra Israel (Zac 12).

La Biblia habla de dos testigos del Señor, dos hombres que profetizarán y tendrán poder para traer fuego, sequía y plagas sobre sus enemigos (Apoc 11). Uno de ellos es Elías, y no conocemos la identidad del otro con total certeza, aunque hay bases fuertes para pensar que este segundo testigo es Moisés.

Estos dos testigos estarán activos durante la primera mitad de la Tribulación (primeros 3½ años), pero luego serán vencidos y muertos. Dios entonces los levantará y llevará al cielo en presencia de todas las naciones.

La Biblia también revela que Dios enviará un ángel para anunciar el Evangelio Eterno a todas las naciones, tribus y pueblos de la tierra, invitándolos a arrepentirse y volverse a Dios. Y otro ángel advertirá al mundo de no tomar la marca de la bestia (Anticristo) o adorarlo (Apoc 14).

Daniel habló de cinco reinos gobernando la tierra durante el reino de los hombres. El primero es el imperio Babilónico, el segundo el Medo-Persa, el tercero el Griego, seguido por el imperio Romano. El último es una confederación de naciones que gobernarán bajo la autoridad del Anticristo. Esta confederación de naciones es el imperio Romano revivido: La confederación, los pies de la imagen del sueño de Nabucodonosor eran de hierro y barro. Las piernas de hierro representaban a Roma en la imagen de Nabucodonosor (Dan 2, 9:26).

Estamos viendo este Imperio Romano ascender al poder de una manera extraordinaria, cumpliendo la profecía bíblica. Europa está reunida en lo que se conoce como la Unión Europea (UE). Esta se está convirtiendo en una unión política poderosa, desplazando cada vez más a los Estados Unidos. Ahora comparten una moneda común, el Eurodólar, formando parte vital de, y tomando un liderazgo creciente en, una fuerza policial mundial bajo la Carta de las Naciones Unidas.

Las condiciones mundiales están siendo propicias para que aparezca un líder mundial que resuelva las grandes crisis globales actuales. El espíritu de globalización que prevalece en el mundo es parte del escenario que precede a la venida del anticristo que tomará el poder global.

La prominencia de la Unión Europea en el mundo es clara. Aún los productos comerciales ahora necesitan tener "la marca" (la marca CE) si se quieren comercializar en Europa. Esta marca se está volviendo el estándar para que cualquier producto esté disponible en el mercado internacional. Durante el período de Tribulación la moneda será eliminada, y una marca será el requerimiento para cualquier transacción.

Un microchip en la mano o en la frente ofrecerá grandes ventajas. La tecnología de GPS permitirá que un niño con un chip implantado en su mano se pueda localizar inmediatamente. El secuestro de niños en los centros comerciales o lugares públicos será eliminado. Las transacciones en los negocios serán sin el uso de efectivo. Escanear la mano en la contadora de los supermercados será una manera muy conveniente de conducir los negocios.

Esta tecnología eliminará el tráfico de drogas y ayudará grandemente a controlar el terrorismo. Además, ante una emergencia médica, todo el perfil médico del paciente estará disponible a través del microchip implantado.

Ya la tecnología existe. Será implementada a nivel mundial en el tiempo señalado, ¡muy pronto! Durante la Tribulación las personas no podrán comprar o vender a menos que reciban una marca en su mano derecha o en la frente. Aquellos que acepten la marca de la bestia serán condenados al infierno. Dios enviará un ángel para alertar a las personas a no aceptar la marca (Apoc 14). El precio de no recibir la marca será muy alto. Aquellos que la rechacen, aquellos que vengan a Cristo durante la Tribulación, enfrentarán inanición, hambruna o serán matados por el Anticristo. La alternativa es peor: ¡el infierno eterno!

La Biblia habla también de una religión global, una iglesia ecuménica, cuya sede será Roma. Vemos el surgimiento de este movimiento ecuménico en nuestros días: el mundo cada día más y más tolera todas las religiones, todas las religiones se consideran aceptables, excepto el cristianismo bíblico, porque el cristianismo bíblico declara que solo hay Un Camino a Dios, Jesucristo. Sin embargo, el Anticristo se tornará contra esta religión mundial al final, pidiendo que las personas lo adoren a él.

La batalla del Armagedón es el clímax de la Tribulación. Al final de la tribulación las naciones se reunirán en la última batalla en el valle de Meguido, donde Jesús se encontrará con ellos en Su regreso con Su iglesia y destruirá al Anticristo y a todos los ejércitos reunidos contra Él (Apoc 19).

Jesús entonces juzgará a los pueblos y naciones que queden en la tierra en el momento de Su venida. Separará Sus enemigos de los creyentes que sobrevivieron la Tribulación. Los enemigos serán destinados a condenación mientras que los santos entrarán al Milenio, el reino encabezado por Jesús donde Cristo y Su Iglesia reinarán por mil años (Mat 25:31–46, Apoc 20:1–6).

Al comienzo del Reinado Milenario Israel será restaurada como la joya de las naciones. La promesa de Dios a Israel se cumplirá cuando la simiente de David gobierne el mundo en un reino eterno. El sistema de sacrificio será reestablecido, en este momento apuntando a un acontecimiento <u>pasado</u>, el sacrificio que Jesús <u>hizo</u> en la Cruz.

Al fin del Milenio Satanás será soltado del Abismo adonde Dios lo encarceló durante mil años, para no engañar a las naciones. Pero al final de los mil años Dios lo soltará y saldrá a engañar a las naciones, quienes se volverán contra Cristo. Dios destruirá entonces los cielos y la Tierra con fuego, y creará nuevos cielos y nueva Tierra.

Al final del Milenio los muertos serán levantados para ser juzgados (Apoc 20:11–15), Serán juzgados según sus hechos, los cuales los condenarán "*Y el que no se encontraba inscrito en el libro de la vida fue arrojado al lago de fuego.*" Apoc 20:15.

Satanás será arrojado al lago de fuego y azufre, para nunca más será liberado. Y los creyentes vivirán con Dios en un estado eterno de bendición, un nuevo cielo y una nueva tierra, para siempre. (Apoc 20:10, Apoc 21).

Cronología de Acontecimientos

Tiempo de los gentiles	Tiempo actual, hasta el rapto
Rapto de la Iglesia	Los muertos en Cristo serán resucitados y los cristianos vivos serán transformados y llevados al cielo en el Rapto.
La Tribulación	Siete años. Dios derramará su ira sobre la tierra.
Segunda Venida de Cristo	Al final de la Gran Tribulación.
Reinado Milenario	Israel será restaurado. Cristo reina, con puño de hierro con Su Iglesia, sobre la tierra por 1000 años, comenzando en la Segunda Venida. Satanás atado para ser liberado al fin del Milenio.
Última rebelión	Al final del Reinado Milenario. Satanás es echado al lago de fuego y azufre.
Estado Eterno	Nuevo Cielo y Nueva Tierra

Seguridad de la Salvación

Cuando crecí como católico nunca estuve seguro de que sería salvo. Pensaba que la salvación era algo que nunca podías obtener hasta que murieras, y entonces recibirías la salvación si habías sido lo suficientemente bueno como para ganártela. Sin embargo, las Escrituras nos enseñan que la salvación no se puede ganar. Aún más, nos dice que tenemos que ser salvos aquí en la tierra antes de morir. Una vez que morimos es muy tarde: *"Y así como está decretado que los hombres mueran una sola vez, y después de esto, el juicio"* Heb 9:27.

La Biblia enseña que nuestra salvación ocurre cuando creemos y recibimos a Jesús (Jn 3:16, Jn 1:12–13, 5:24–25; 1 Jn 5:13, Rom 10:9–15). En ese momento nacemos de nuevo, recibimos vida eterna (Jn 11:25–26). Siento gran consuelo al saber que ya le pertenezco a Jesús, que tengo vida eterna: *"El Espíritu mismo da testimonio a nuestro espíritu de que somos hijos de Dios."* Rom 8:16.

Si me encontrara con una persona que ha recibido a Jesús como Señor y Salvador, y que está buscando al Señor en su vida y caminar diario, en comunión con otros creyentes, pero que no tuviera paz sino miedo de perder un día su salvación, le señalaría la fidelidad y las promesas de Jesús para animarlo. Dios es fiel, podemos confiar en Él, tal como lo expresó Pablo: *"...yo sé en quién he creído, y estoy convencido de que es poderoso para guardar mi depósito hasta aquel día.* 2 Tim 1:12.

Jesús no quiere que vivamos con miedo: El perfecto amor de Dios echa fuera el temor: *"En el amor no hay temor, sino que el perfecto amor echa fuera el temor, porque el temor involucra castigo, y el que teme no es hecho perfecto en el amor."* 1 Jn 4:18 (Jn 10:27, Jn 6:37).

Los cristianos genuinos contamos con el poder preservador de Dios. Algunos enseñan equivocadamente que los cristianos pueden ser poseídos por espíritus demoníacos. Están en un grave error. Un hijo de Dios está sellado con el Espíritu Santo y es el templo del Espíritu Santo que habita en nosotros (1 Co 6:19). Ni Satanás ni ningún demonio pueden morar dentro del templo del Dios viviente. La luz y las tinieblas no pueden habitar juntas.

Ahora, esto no significa que somos libres para vivir en pecado. De hecho, yo retaría a una persona que dice haber nacido de nuevo y ser salva, si todavía vive en pecado sin experimentar arrepentimiento genuino y el cambio respectivo. Le mostraría que el fruto de su vida niega que tenga comunión con Jesús. Esa persona camina en tinieblas y no iría hacia el cielo. Le advertiría que está destinada al infierno eterno a menos que se arrepienta. (1 Co 6:9–11, Gal 5:19–21, 1 Jn 1:6–7, 1 Jn 2:9,18–19, Rom 8:9, 13–14, Heb 10:26–31).

La creencia de que basta que declares cualquier cosa con fe y lo tendrás, o que nombres y reclames lo que quieres y Dios te lo tendrá que otorgar, pone a Dios bajo la autoridad del hombre, invirtiendo los papeles, haciendo del hombre Señor, y a Dios su siervo.

Esto no es lo que la Biblia enseña. Nosotros somos los siervos de Dios, y Él es el Señor soberano que actúa conforme a Su voluntad.

Tenemos diversos ejemplos en el Nuevo Testamento que van contra la creencia "nómbralo y reclámalo". Aún Pablo a quien Dios usó para sanar en diversas ocasiones no pudo sanar en todo momento. Él aprendió a reconocer que las buenas intenciones del hombre no siempre son lo mejor. Dios conoce y busca para los hombres aquello que es mejor desde una perspectiva eterna.

En 2 Co 12:7 Pablo escribió: *"Y dada la extraordinaria grandeza de las revelaciones, por esta razón, para impedir que me enalteciera, me fue dada una espina en la carne, un mensajero de Satanás que me abofetee, para que no me enaltezca."* Vemos a Dios gobernando por encima de los deseos de Pablo de alivio de ese aguijón en la carne, no porque Dios quería hacer la vida de Pablo miserable, sino porque tenía un propósito mayor para él, *"Y Él me ha dicho: Te basta mi gracia, pues mi poder se perfecciona en la debilidad. Por tanto, muy gustosamente me gloriaré más bien en mis debilidades, para que el poder de Cristo more en mí."* 2 Co 12:9. Véase también los casos de Epafrodito (Fil 2:25–27), y Trófimo (2 Tim 4:20).

Juan señala nuestra necesidad de orar conforme a la voluntad de Dios en 1 Jn 5:14. Cuando oramos con un corazón abierto, buscando la voluntad de Dios, la descubriremos. Esto nos permite alinearnos con el plan de Dios, orando conforme a Su voluntad: ¡Él es el Señor, Él sabe lo que es mejor!

Lo que aplicamos para las enfermedades y sanidades se aplica también para otras áreas. Entonces, por un lado, encontramos que muchas veces la voluntad de Dios para alguien es que sea sanado, o que pueda comprar una casa u obtener un trabajo con mejor salario. Por otro lado, Dios sabiendo qué es mejor desde una perspectiva eterna, muchas veces no le permite a una persona ser sanada, obtener un trabajo con mejor salario o lograr la casa de sus sueños.

Risa Santa y Otros Fenómenos

Cada experiencia espiritual necesita examinarse a la luz de las Escrituras, y debe tener bases bíblicas para su existencia y expresión. La Palabra de Dios es nuestro estándar y los lentes para inspeccionar cada experiencia (2 Tim 3:16, 2 Tes 2:8–12).

Una de las experiencias no bíblicas considerada espiritual por algunos pastores que la endorsan es la "caída en el espíritu", cuando una persona se cae para atrás, supuestamente como resultado de una energía poderosa que la toca, causándole un supuesto descanso en el espíritu. A esta experiencia no solo le falta base, y referencia bíblica de haber ocurrido en la iglesia primitiva, sino que también contradice la forma en que Dios opera.

En la Biblia vemos que cuando los hombres de Dios se encontraban con la presencia de Dios, caían sobre sus rostros, hacia adelante, en una posición humilde de adoración; nunca de espaldas.

Tenemos un incidente en la Biblia donde una persona se cayó para atrás, fue cuando Elí, el sumo sacerdote en los días del profeta Samuel, hace unos 2,900 años, se cayó de espaldas, desnucándose y muriendo cuando recibió la noticia de que el Arca del Pacto había sido tomada por los filisteos.

Dios había anunciado por labios de Samuel el juicio que vendría contra Elí y sus hijos. Elí había tolerado, sin disciplinar ni intervenir, la iniquidad de sus hijos que servían como sacerdotes en el Tabernáculo de Dios, siendo inmorales, cometiendo fornicación en la casa de Dios, y abusando de quienes traían sus sacrificios y ofrendas a Dios, mostrando total irreverencia a Dios.

"*Y sucedió que cuando mencionó el arca de Dios, Elí cayó de su asiento hacia atrás, junto a la puerta, se rompió la nuca y murió, pues era entrado en años y pesaba mucho. Había juzgado a Israel cuarenta años."* 1 Sam 4:18.

Hoy día, si alguien no está detrás de la persona que experimenta "la caída en el espíritu" podría también desnucarse y morir: Ésta no es la forma en que Dios opera en Sus hijos.

La risa y el rugir en el espíritu son otras manifestaciones que tampoco tienen base bíblica. Todo lo que hacen es crear desorden y caos, y van en contra de lo que Pablo enseñó en 1 Co 14:40 *"Pero que todo se haga decentemente y con orden."*

Las Escrituras nos dan todo lo que necesitamos para una vida santa y abundante, por el poder de la Palabra y del Espíritu Santo. Buscar experiencias que se salen del marco bíblico, yendo más allá de lo que la Biblia enseña, y en contra de sus enseñanzas, muestra falta de satisfacción con lo que Dios nos da: Esto ciertamente no producirá buen fruto, sino todo tipo de confusión y apostasía.

Psicología en la Iglesia

Dios nos ha dado en las Santas Escrituras todo lo que necesitamos para una vida plena y saludable: *"El Espíritu es el que da vida; la carne para nada aprovecha; las palabras que yo os he hablado son espíritu y son vida."* Jn 6:63.

Jesucristo dijo *"... yo he venido para que tengan vida, y para que la tengan en abundancia."* Jn 10:10.

Muchos de los padecimientos mentales de la actualidad están arraigados en personas que albergan amargura, falta de perdón, odio, ira sin resolver, y en general... pecado y sus consecuencias, comenzando con la separación del Creador, nuestra Vida y Luz.

Las personas acosadas por temores, aflicciones y angustias mentales que vienen como resultado de una infancia difícil y traumática, pueden hallar descanso y sanidad en Jesús y Su Palabra.

La psicología no puede, y nunca será capaz de reemplazar a Jesús, o hacer por el hombre lo que solo Dios puede hacer.

Cuando una persona está confundida necesita buscar al Consejero Maravilloso (Isa 9:6). Cuando una persona está perturbada, necesita a Dios. Él es el sanador. Él es aquel que, con Su Palabra y Espíritu, puede y quiere renovar nuestras mentes y corazones. Él es el que puede traer consuelo al alma angustiada, paz y ánimo a la mente ansiosa y atormentada. Ver Gal 3:3, Ro 12:2, Heb 4:12, Sal 107:20, Jn 14:27, Rom 8:28–39.

Muchos consejeros cristianos usan la psicología para tratar a los cristianos. Si ellos usan la palabra cristiano, deben usar principalmente la Biblia. Mucho de lo que encontramos en la psicología asume que venimos de los animales, y que somos resultado de evolución, tratando al hombre como un animal, sí, más desarrollado que los simios, pero no mucho más, e ignora lo que la Biblia revela del hombre, su condición pecadora, y la sanidad que se encuentra en Dios y Su Palabra.

Muchas personas diagnosticadas con problemas mentales por siquiatras o sicólogos seculares no entienden que el problema de sus pacientes es espiritual. Algunos de sus pacientes hasta están poseídos por demonios, pero el mundo secular no puede ni diagnosticar apropiadamente su condición, y mucho menos sanarlos.

La revelación divina es revelación de Dios, muy superior a la sabiduría y conocimiento de los hombres. I Co 1:18-31

Las Escrituras no se originaron en el hombre sino en Dios. Por lo tanto, no tiene nada que ver con la psicología.

"pues ninguna profecía fue dada jamás por un acto de voluntad humana, sino que hombres inspirados por el Espíritu Santo hablaron de parte de Dios." 2 Ped 1:21.

Es la Palabra de Dios, no la psicología la que es más cortante que toda espada de dos filos para cortar y sanar (Heb 4.12).

Jn 6:63 *"El Espíritu es el que da vida; <u>la carne para nada aprovecha; las palabras que yo os he hablado son espíritu y son vida.</u>"*

Hay aspectos de la sicología que puede tener aplicación y ser de utilidad, pero la sabiduría y poder de Dios y Su palabra son insuperables. Sal 107:20: *"Él envió su palabra y los sanó y los libró de la muerte"*

ALABANZA Y ADORACIÓN

El tiempo de alabanza y adoración cuando se reúne la iglesia debe ser una experiencia centrada en Dios, viva y llena del Espíritu Santo. Este tiempo debe ser una experiencia espiritual, no un asunto de actuación o entretenimiento, sino un acto de adoración a Dios. No es simplemente un asunto de entonar canciones con los labios; sino un fluir que brota del corazón.

Las personas que dirigen la alabanza y la adoración en la iglesia no deben buscar entretener o llamar la atención a sí mismos: Su ministerio es ser usados por el Espíritu Santo para inspirar y ayudar a la congregación a entrar juntos en un tiempo de alabanza y adoración espiritual que glorifique a Dios.

Podemos y debemos aprovechar instrumentos musicales y estilos de música culturalmente relevantes, pero los instrumentos y los estilos musicales no deben ser los elementos que definen la calidad del tiempo de alabanza y adoración.

Un grupo, y su líder de adoración se deben volver invisibles en el proceso de guiar a las personas al trono de Dios. Esto es algo que no alcanzarán en la carne, sino solo en el Espíritu, al poner los ojos en Jesús, buscando servir en su presencia, unidos a Él (Jn 15:5).

El grado de éxito de un tiempo de alabanza y adoración depende de la medida en que los miembros de la congregación participen, no solo como observadores, sino como adoradores. A algunas personas les gusta levantar sus manos. Esto es grandioso. A otros tal vez les gustaría ponerse de pie cuando todos están sentados. Pero hay que ser sabios en esto. Si nadie está de pie, y tú te levantas y empiezas a saltar llamando la atención a ti mismo y lejos de Dios, tu proceder no edifica sino que distrae; y eso ya no es bueno.

La medida de éxito de un tiempo de alabanza y adoración está en la medida en que la congregación experimente estar en el trono de Dios, no cuánto ellos recuerdan este o aquel instrumento musical o cantante.

"Dios es espíritu, y los que le adoran deben adorarle en espíritu y en verdad." Jn 4:24. Notamos aquí que la adoración debe hacerse en espíritu, y también en verdad. Esto significa que las palabras, los pensamientos, las ideas, el espíritu de la experiencia de adoración debe estar alineado con la Verdad de Dios y Su Palabra. En este sentido la adoración será fructífera pues proclama verdades espirituales. Y, por supuesto, cuando fijamos nuestros ojos en Dios, a través de la adoración, nuestra perspectiva y enfoque se vuelve correcta. Cuando servimos a Dios en adoración somos bendecidos y edificados.

La adoración debe ser flexible, inspirada por el Espíritu Santo (2 Co 3:17), conducida en orden y reverencia tal como la misma Palabra nos lo enseña: *"...que todo se haga decentemente y con orden."* 1 Co 14:40.

Los párrafos anteriores se refieren a los tiempos de cantar alabanzas y adorar a Dios en reuniones corporativas como el domingo y servicios de la iglesia entre semana. Pero la alabanza y adoración no está limitada a esos tiempos.

Debemos aprovechar las oportunidades que tengamos para alabar a Dios ya sea que estemos solos o con otros hermanos y hermanas. Los instrumentos musicales, si bien son de gran bendición, no son requisitos indispensables para alabar y adorar a Dios.

Adoración en términos más amplios incluye otros tiempos como los momentos de meditación quieta personales, y tiempos de expresiones públicas y privadas de agradecimiento a Dios por quien Él es, así por lo que hace por nosotros, por Su bondad, por Su gracia, favor, y amor.

Enseñanza de las Escrituras

Una de las cosas que más ha impactado mi vida cristiana ministerial ha sido el concepto de enseñar expositivamente la Palabra de Dios versículo por versículo, capítulo por capítulo desde Génesis hasta Apocalipsis. Creo que ésta es la forma más efectiva de proveer todo el consejo de la Palabra de Dios (Hech 20:27).

Personalmente enseño en el servicio de los domingos y los miércoles en mi iglesia, siguiendo este método. Algunas personas que dejan nuestra congregación para ir a sus países o a otros lugares de los Estados Unidos, al no encontrar un lugar donde se enseñe todo el consejo de la Palabra de Dios en forma expositiva, nos dicen cuánto extrañan nuestro estilo de enseñanza.

Esta forma de enseñanza brinda alimento sistemático al rebaño de Dios, produciendo ovejas bien alimentadas, saludables y maduras. Protege al pastor/rebaño de enseñanzas desequilibradas donde se hace énfasis solo en el evangelismo, o en un aspecto específico, careciendo de otros.

Este tipo de enseñanza se necesita mucho entre el pueblo hispano. Muchos países en Latinoamérica están experimentando un mover del Espíritu Santo. Muchas personas están abandonando las iglesias muertas basadas en tradiciones y costumbres no bíblicas, heredadas de sus padres, y están viniendo a la fe en Jesús, pero les falta un fundamento sólido y ser enseñados con todo el consejo de la Palabra de Dios.

Personalmente busco pasar buen tiempo en la preparación de los estudios bíblicos que doy. Busco a Dios, leo el texto muchas veces, lo estudio en contexto, lo comparo con otras Escrituras, trato de entender el contenido y servirlo al rebaño.

Es importante reconocer sin embargo, que la enseñanza no es solo un ejercicio académico y mental, tampoco es solo un asunto de nuestro propio esfuerzo. La enseñanza necesita ser inspirada y ungida por el Espíritu Santo. Esta unción se obtiene por fe, confiando en Dios y en Sus promesas (Luc 11:11–13).

Finalmente, la enseñanza debe hacerse con la motivación correcta, buscando alimentar el rebaño y exaltar y dar gloria a Dios.

La Consejería Bíblica

La consejería en la iglesia debe ser eso: consejería bíblica. En otras palabras, una oportunidad para los pastores y personas dando consejería de la iglesia, de abrir la Palabra de Dios y guiar a la persona al consejo pertinente a su situación y preocupación encontrado en las Escrituras (Sal 119:104–105, 119:129–130, 2 Tim 3.16–17).

El consejero debe ser el Espíritu Santo y Su Palabra, no la psicología o la opinión y pensamientos de los consejeros (as).

Los pastores y siervos dando consejería deben ser sabios al aconsejar mujeres. Cuando un siervo comienza a pasar tiempo escuchando a una mujer, ella puede comenzar a sentirse atraída a él ya que muestra cuidado y le dedica tiempo, tiempo que quizás su esposo no le da. Esto puede terminar en una trampa con terribles consecuencias para ambos, para el que da consejería y la hermana siendo ministrada.

Necesitamos guardar nuestros oídos y ojos. Cuando una mujer pide consejo, si el consejero es varón, es bueno que lo acompañe otra persona, de modo que no esté solo con ella, o que se encomiende la consejería a una hermana madura.

Cuando se enseña todo el consejo de la Palabra de Dios de forma consistente y fiel, versículo por versículo, y cuando se enseña a las personas a buscar a Dios y Su voluntad en sus vidas, la cantidad de consejo que los pastores necesitan dar se reduce. El rebaño aprende a ir directamente a la Palabra, buscar consejo de ella.

La función de los pastores no es hacer a las personas dependientes de ellos, sino hacerlas dependientes de Jesús. Por supuesto que esto no significa que los pastores y ancianos se pueden despreocupar del rebaño. Pero significa que ellos reconocen ser instrumentos solamente, no la fuente de sabiduría. Enseñar la Palabra de Dios al rebaño y ayudarles a conocer y aprender a aplicar y depender de la Palabra de Dios es una buena cosa.

EL DIVORCIO

Dios odia el divorcio (Mal 2:16). Jesús dijo que la única base para el divorcio era la infidelidad (Mat 19:9). Cuando Sus discípulos reclamaron ante esa enseñanza de compromiso en el matrimonio respondiendo que era mejor no casarse, Él respondió que no todos estaban dotados del don de celibato.

El adulterio da base bíblica para el divorcio y para que la parte dañada se vuelva a casar. Sin embargo, es mejor buscar la restauración y la sanidad del matrimonio. Dios puede sanar cualquier situación puesta en Sus manos: *"...todas las cosas son posibles para Dios"* Mar 10:27

Pablo enseñó sobre el divorcio y la separación en 1 Co 7. Señaló que, si una persona no tiene el don de continencia, debe casarse, pero en el Señor, es decir, con un creyente, 1 Co 7:8–9, 39. También enseñó que entre creyentes, un hombre no debía separarse de su esposa. Pero si lo hace, debe permanecer separado, es decir, no debe volver a casarse con otra persona. Lo mismo para las esposas. Mas deben buscar reconciliarse.

A veces el abuso físico y emocional de un cónyuge contra su pareja o contra sus hijos puede hacer necesaria la separación. Y en ese caso uno se cuestionaría si realmente el agresor es verdaderamente cristiano a la luz de sus frutos. Cuando una persona en la pareja dice ser cristiana pero con su vida niega totalmente serlo, y se separa de su cónyuge, la situación necesita la consideración apropiada

En casos en que uno de los cónyuges es cristiano genuino, y su pareja siendo no creyente se vuelve antagonista y se va, el creyente no está más bajo obligación (1 Co 7:15).

Para aquellos que han fracasado en sus matrimonios y han terminado en divorcio: Dios no los odia. Él odia el divorcio, pero ama al mundo (Jn 3:16). Él tiene un plan y una vida abundante para aquellos que vienen de un divorcio y están deseosos de rendir sus vidas a los pies de Jesús (Lam 3:22–23, 1 Jn 1:9).

Gobierno de la Iglesia

La cabeza de la iglesia es Jesucristo. El liderazgo de la iglesia local debe buscar Su señorío y dirección en todo lo que hacen.

Un buen modelo de liderazgo espiritual de la iglesia es uno donde un pastor anciano es asistido por un grupo pastores o ancianos, escogidos según las cualidades señaladas en la Biblia (1 Tim 3:1–7, Tito 1:5–9). Este equipo debe constituir el cuerpo directivo de la iglesia según principios bíblicos (1 Ped 5:1–3).

Un cuerpo de siervos, diáconos, que sirva bajo la guía y el consejo espiritual del pastor y de los ancianos, ayudará a llevar y manejar las necesidades físicas dentro de la iglesia. Ellos deben ser miembros piadosos de la congregación escogidos según los principios bíblicos señalados en 1 Tim 3:8–13.

Un tesorero (a) de la iglesia debe llevar en orden los registros financieros.

Se necesita un secretario responsable para escribir minutas de reuniones, llevar registros pertinentes y cubrir algunas responsabilidades según sean requeridas por el cuerpo de ancianos.

Los pastores no son la cabeza de la iglesia. Esa posición le pertenece a Jesús. El pastor tampoco es un mediador entre el rebaño y Dios, esa posición le pertenece a Jesús. El pastor debe ser un pastor maestro de las ovejas, ocupado en alimentarlas, equipar a los santos para el ministerio, y guardar la iglesia de cualquier error doctrinal o espiritual (1Tim 4:13, 2 Tim 3:16, 2 Tim 4:2, Tito 2:1, Hech 20:28).

Los pastores necesitan dedicarse regularmente a la oración y adoración, y al estudio y la enseñanza de la Palabra (Hech 6:4). Deben buscar vivir una vida piadosa, y sobretodo buscar la mente y corazón de Cristo en todo.

Los pastores deben servir y cuidar de las ovejas, siguiendo la exhortación dada en 1 Ped 5:1–3 *"Por tanto, a los ancianos entre vosotros, exhorto yo, anciano como ellos y testigo de los padecimientos de Cristo, y también participante de la gloria que ha de ser revelada: pastoread el rebaño de Dios entre vosotros, velando por él, no por obligación, sino voluntariamente, como quiere Dios; no por la avaricia del dinero, sino con sincero deseo; tampoco como teniendo señorío sobre los que os han sido confiados, sino demostrando ser ejemplos del rebaño."*

Muchas ovejas piensan que la esposa de un pastor es otro pastor en la iglesia, con una autoridad espiritual similar. La responsabilidad de la esposa del pastor es buscar ser una mujer piadosa y madre en el hogar, mantener su casa en buen orden, buscar, como otros creyentes, poner los dones que Dios le ha dado en uso dentro del hogar y en la Iglesia; ayudar a edificar el Cuerpo de Cristo. Debe también ser prudente y apoyar a su esposo, especialmente en vista de las responsabilidades de este.

La esposa del pastor necesita ser una mujer de la Palabra, una mujer de oración, elevando oraciones y súplicas especialmente por ella, y por su esposo e hijos, quienes son un blanco que Satanás atacará.

Cualquier otra responsabilidad y expectativa puesta sobre los hombros de las esposas de los pastores es injusta. De hecho, la esposa del pastor necesita mantener sus manos fuera de áreas que no son su responsabilidad o ministerio: La iglesia no es una extensión de los hijos que ella cría. Por otro lado, una mujer piadosa, prudente, sabia y amorosa será de hecho una madre para muchos en el Cuerpo de Cristo.

La gracia no es un boleto libre para pecar. De hecho, mientras más entendemos y experimentamos la gracia de Dios, con más santidad buscaremos vivir, como una "ofrenda de acción de gracias", y un "sacrificio de amor" a nuestro Salvador.

"Porque el pecado no tendrá dominio sobre vosotros, pues no estáis bajo la ley sino bajo la gracia. ¿Entonces qué? ¿Pecaremos porque no estamos bajo la ley, sino bajo la gracia? ¡De ningún modo! ¿No sabéis que cuando os presentáis a alguno como esclavos para obedecerle, sois esclavos de aquel a quien obedecéis, ya sea del pecado para muerte, o de la obediencia para justicia? Pero gracias a Dios, que aunque erais esclavos del pecado, os hicisteis obedientes de corazón a aquella forma de enseñanza a la que fuisteis entregados; y habiendo sido libertados del pecado, os habéis hecho siervos de la justicia." Rom 6:14–18.

Mantener con regularidad un tiempo personal de quietud en adoración, oración, lectura y meditación de la Biblia, leer buenos libros cristianos, ser parte de una comunión de creyentes, participar en eventos de la iglesia, participar en las reuniones de oración de la iglesia, buscar y considerar el consejo piadoso de otros creyentes maduros y pastores; todo esto ayudará a mantener un corazón y vida animada, humilde y correcta delante del Señor, un corazón que no se ciegue y endurezca por su propio pecado, sino un corazón humilde y arrepentido.

Para terminar presento algunos comentarios referentes a la condición perdida del hombre y la salvación.

El hombre no siempre se siente cómodo cuando las Escrituras no se pueden condensar en una fórmula sencilla, pero necesitamos dejar que la Palabra de Dios sea la Palabra de Dios, y honrar lo que Dios nos revela en Su palabra aun cuando no podamos resumirlo en una simple ecuación.

Recordemos que no somos libres para forzar las Escrituras dentro de un marco doctrinal formulado por hombres simplemente para poder satisfacer el intelecto.

- El hombre es corrupto de corazón y mente, totalmente perdido, que no busca a Dios por sí mismo (Isa 64:6, Jer 17:9, Ro 3:10–12). El hombre necesita la ayuda del Espíritu Santo para buscar a Dios y confiar en Jesús. Dios ha enviado al Espíritu Santo al mundo para convencer al hombre de pecado y guiarlo a recibir a Jesús como Señor. Jn 16:8, 1 Co 12:3 *"...nadie puede decir: Jesús es el Señor, excepto por el Espíritu Santo."*

- El creyente es escogido por Dios desde antes de la fundación del mundo, tal como lo revela Ef 1:4–6, Col 3:12, 1 Ped 1:1–2,2:9. Pero eso no libera al hombre de su responsabilidad. La Biblia enseña que el hombre tiene la libertad y responsabilidad de aceptar o rechazar a Jesús.

  El hombre necesita ejercitar su libre voluntad y elección. Deut 30:19 *"Al cielo y a la tierra pongo hoy como testigos contra vosotros de que he puesto ante ti la vida y la muerte, la bendición y la maldición. Escoge, pues, la vida para que vivas, tú y tu descendencia."*

  Dios escoge de antemano sin que lo merezcamos, antes de que nazcamos, independiente de nuestras obras. Luego Dios nos hace la invitación (Isa 55:1, 6–7, Jn 1:12–13, 3:16, 7:37–38, Mat 11:28–30, Ro 10:12–13). El hombre responde aceptando o rechazando a Jesús. Aquellos que reciben a Jesús como Señor son salvos (Jn 1:12, Rom 10:9, Apoc 3:20).

  En Rom 9:11–24 vemos que Dios escoge aparte de las obras

del hombre. Por otra parte, podemos decir que aquellos escogidos por Dios escogerán a Dios. ¿Cómo sé que soy un elegido, un escogido? Muy simple, ven a Jesús, Él no te rechazará (Jn 6:37).

- Jesús murió por todo el mundo (Jn 1:29, 1 Jn 2:2). Pero solo aquellos que ponen su confianza en Él reciben salvación (Jn 3:16). La salvación es por gracia a través de la fe, un regalo gratuito de Dios (Jn 1:12, Ef 2:8).

  Es como un cheque, a menos que lo cobres en el banco no te beneficia. El cheque ha sido expedido para que cada persona lo cobre, pero solo se beneficiarán los que lo cobren.

- La gracia es favor inmerecido, el regalo gratuito de Dios que recibimos por medio del sacrificio de Cristo por nosotros (Rom 3:23–24) y la fe puesta en Él.

  El hombre puede resistir la gracia salvadora de Dios y ser eternamente condenado. El hombre puede rechazar el amor de Dios a pesar de Su esfuerzo por salvarle (2 Ped 3:9, Prov 29:1).

  Los seres humanos podemos resistir al Espíritu y cerrar nuestras vidas a la gracia de Dios (Hech 7:51).

  En su libro "Calvinismo, Arminianismo y la Palabra de Dios" el pastor Chuck Smith explica que la doctrina errónea de Gracia Irresistible incluye el concepto equivocado de que "los elegidos son regenerados por Dios aun antes de expresar fe en Jesucristo para salvación": eso no es bíblico. (Hech 16:31, Rom 10:13–15).

- Según algunos los santos perseverarán sea lo que sea porque supuestamente "el hombre no tiene absolutamente nada que ver con el proceso de salvación y perseverancia en la fe". La Biblia enseña sin embargo que tenemos la responsabilidad de hacer nuestra parte: *"Así que, amados míos, tal como siempre habéis obedecido, no sólo en mi presencia, sino ahora mucho más en mi ausencia, ocupaos en vuestra salvación con temor y temblor*" Fil 2:12

El Nuevo Testamento está lleno de palabras saludables de exhortación para nuestro caminar cristiano. Fueron escritas para animarnos a hacer nuestra parte. Fueron escritas para animarnos a perseverar, y alertarnos a no desviarnos del camino angosto (1 Jn 2:15–17, Rom 8:12–13, 1 Tim 6.10–11, Sant1:12, He 3:12–14, Gal 5:19–21).

Pero "necesitamos ayuda", dice usted… ¡Somos tan torpes y débiles! Sí, de hecho lo somos. Y Dios es fiel y estará allí para el creyente sincero. Es por eso que leemos Escrituras hermosas, refrescantes y reconfortantes para el creyente sincero (Jn 10:27–30, Fil 1:6, Jud 24).

Por otra parte, no podemos ni debemos ignorar la palabra de Dios que nos exhorta a esforzarnos en nuestro caminar, y las serias advertencias que Dios nos hace para no abandonar el camino. (Heb 10:26–31).

La Biblia nos dice que la gracia de Dios es derramada gratuitamente sobre los creyentes. Pero, también nos advierte a no tomar la gracia de Dios en vano. Al creyente inseguro le recuerdo la fidelidad de Dios para sostenerlo. A la persona que vive en pecado le recuerdo que una vida que niega al Señor no puede esperar eterna salvación. Una persona que camina en tinieblas no puede esperar habitar con Dios a menos que se arrepienta.

INVITACIÓN

Si no lo ha hecho, hoy puede usted recibir a Jesús como su Señor y su Salvador, recibiendo perdón por sus pecados y vida eterna.

En el evangelio de Marcos leemos que cuando Jesús llegó a Galilea proclamando las buenas noticias de salvación decía: "*El tiempo se ha cumplido y el reino de Dios se ha acercado;* ***arrepentíos*** *y creed en el evangelio*". Mar 1:14-15,

El arrepentimiento es necesario. Es necesario que le pida perdón a Dios por sus pecados, por sus pensamientos, acciones y omisiones que han ofendido a Dios; deseando cambiar su caminar.

Es también necesario que ***ponga su fe en Jesús***, recibiéndolo como **Señor**, como Director de su vida. En Rom 10:9-11 leemos que *"que si confiesas con tu boca* ***a Jesús por Señor****, y crees en tu corazón que Dios le resucitó de entre los muertos, serás salvo;*

porque con el corazón se cree para justicia, pero con la boca se confiesa para salvación. Pues la Escritura dice: ***Todo el que cree en Él*** *no será avergonzado."*

En el evangelio de Juan, y en la carta de Pablo a los Efesios, leemos que al recibir y creer la Palabra de Dios en nuestro corazón, recibimos salvación, pasando de muerte a vida, siendo sellados por Dios con el Espíritu Santo.

"En verdad, en verdad os digo: el que oye mi palabra y cree al que me envió, ***tiene*** *vida eterna y no viene a condenación, sino que* ***ha pasado de muerte a vida****."* Jn 5:24.

"En Él también vosotros, ***después de escuchar el mensaje de la verdad, el evangelio de vuestra salvación, y habiendo creído****, fuisteis sellados...con* ***el Espíritu Santo*** *de la promesa...que* ***nos es dado*** *como garantía de nuestra herencia..."* Ef 1:13

"Porque por gracia ***sois salvos por medio de la fe****, y esto no de vosotros, pues es don de Dios;* ***no por obras, para que nadie se gloríe****."* Ef 2:8-9.

Le invito a que eleve una oración a Dios, invitando a Jesús a que entre en su vida. Si lo hace de corazón recibirá vida eterna. Recibirá también al Espíritu Santo, quien le bendecirá grandemente.

Más que las palabras lo importante es la condición y sinceridad de su corazón al decírselas a Dios. Le invito a que ore de acuerdo a las siguientes palabras:

> *"Padre Santo, te ruego que perdones mis ofensas.*
>
> *Creo que Jesús murió en la cruz por mis pecados. Creo que su sacrificio en la cruz del Calvario es muy valioso y poderoso para pagar por mis más graves faltas.*
>
> *También creo que Jesús resucitó de la muerte, y que hoy vive. Hoy le recibo como mi Rey y mi Salvador, y le adoro como mi Señor y mi Dios.*
>
> *Te ruego Dios mío me des tu Santo Espíritu para fortalecerme, consolarme, guiarme y protegerme. Ayúdame a hacer tu voluntad y a no pecar.*
>
> *Todo esto te lo pido en el Nombre de Jesús. Amén."*

www.ingramcontent.com/pod-product-compliance
Lightning Source LLC
Chambersburg PA
CBHW070641030426
42337CB00020B/4104